KB218736

마흔, 우울해서 고전을 샀어

마흔,
우울해서
고전을 샀어

조현주 지음

사유와공감

고전 필사,
내가 듣고 싶은 말을 쓰다

'또 잠이 깨버렸네…….'

이번 주만 벌써 두 번째다. 늘 한 번 잠들면 아침까지 편안한 수면시간을 가졌는데 뭔가 양상이 달라지고 있다. 조금씩 알아차리기 시작한 것은 2025년 새해가 시작되고부터였다. 2024년 12월의 크고 작은 사건들을 온몸으로 경험하며 통과해서일까? 새로운 학교로 진학하는 두 아이의 학교 배정 문제 때문이었을까? 아니면 해마다 그렇듯, 싱그러운 1월을 시작하며 아무것도 정해진 것이 없는 상황에 불안해서였을까?

이런저런 생각 구름이 점점 커지기 시작하면서 다시 잠들지 못하고 일어선 것은 몸을 뒤척이며 한 시간을 보낸 후였다. '그대로 잠들기는 힘들겠다'라는 생각을 하고 나서, 전등을 켜기까지 한 시간이나 소요된 것이다. 잠시의 눈부심을 견디고 내 눈길이 닿은 곳은 책상 위의 고전 필사 노트였다. 새벽에 일어나면 바로 기록하기 위해 펼쳐둔 것이었다. 나는 아무 곳이나 펼쳐서 읽기 시작했다.

내가 펼친 장에는 타고르의 《기탄잘리》 한 구절이 있었다. 타고르는 마음이 굳어지고 메말랐을 때, 삶의 우아함을 잃었을 때, 지신의 침묵하는 신에게 평화와 휴식을 달라고 기도했다.

삶에서 평화와 휴식이 깨어졌을 때, 그것을 나보다 훨씬 먼저 구하고 소원했던 타고르의 시가 거기에 씌어 있었다. 막연한 불안과 두려움, 도저히 내가 어찌할 수 없는 상황에 놓였을 때 견디지 못하고 흔들리는 것은 나만이 아니었다. 그 오랜 시간 전에도 삶을 살아내는 누군가는 느끼고 있었던 것이다.

"출렁거리고 무력하던 감정이 서서히 평안을 찾아간다. 흔들리고 무너지는 나를 경험하고 나면 절망감에 몸서리를 친다. 이생에 있음을 온몸으로 느끼는 순간이다. 그 순간에도 내 안의 당신은 나를 부른다. 외면하고 있다가도 서서히 고개를 들어 바라본다. 그리고 그 따스한 눈빛에 고요해진다. 그러면 언제든 내가 할 수 있는 일이 있다는 것을 떠올린다."

천천히 내가 기록한 것을 읽는다. 몇 개월 전의 내가 지금의 나를 위로한다. 몇 년 전의 내가 오늘의 나를 격려하기도 한다. 2020년부터 기록하기 시작한 노트가 책장 한 켠에 차곡차곡 쌓였다. 힘든 순간마다 위로받았던 고전 속의 문장과 내 사유의 단상이 나를 토닥인다는 것을 알았다.

나는 평범한 40대의 여자다. 두 아이는 사춘기를 통과하고 있고, 17년 차 배우자의 역할에 적응하는 중이다. 하루가 다르게 성장하는 아이들 곁에서 나도 성장하고 싶었다. 육아에 전념하면서 단절되었던 사회경력이 다시 연결된 지 10년이다. 하지만 지금도 단단한 땅에 서 있다는 생각이 들지 않는다. 매일 그렇게 흔들리고 출렁인다. 정답을 알 수 없는 선택의 앞에서 괴롭고, 내 뜻과 다르게 펼쳐지는 삶의 가운데에서 이러지도 저러지도 못한 나를 발견할 때면 그 자리에서 무너졌다. 붙잡을 것이 필요했다.

인문 고전 도서들을 한 권씩 읽고 필사하면서 알았다. 내 안의 정답에 귀 기울이지 않았기에 그렇게 마음이 힘들었다는 것을. 세상의 소리가 너무 크고 빠르게 내 귀를 스쳐 갔기에 온 정신이 거기에 팔려서 진짜 정답을 찾지 못하고 있었다. 매일 고요해지는 시간이 필요하다. 고전은 나를 고요하게 머물도록 이끌어 주었다. 천천히 읽고 더 천천히 기록하면서 흔들리는 나를 토닥였다. 그 기록이 나를 위로했던 것처럼 이 글을 읽는 당신도 잠시 머무르며 위로받기를 바라며 나의 기록을 모아 책으로 엮었다.

이 책은 1, 2부로 구성되어 있다. 1부는 마흔 여자의 삶을 내 경험과 연결하여 보여주고, 고전 읽기의 필요성과 고전 필사의 구체적인 방법을 제시했다. 2부는 고전 읽기로 감정의 주인이 될 수 있는 방법을 사례와 더불어 친절하게 제시했다. 부정적인 감정이 올라올 때, 긍정적인 감정을 유지하고 싶을 때 읽으면 좋은 고전 도서와 성찰의 문장이 소개되어 있다.

"꾸준히 책을 읽고 사유를 나누다 보면 각자 마음 안의 추가 조금씩 무거워짐을 느낀다. 생의 사건들 앞에서 불안하고 두려워하는 이를 다독이며 자신에게도 같은 말을 들려준다. 나 자신이 더 듣고 싶었던 말인지도 모른다. 마음이 단단해질수록 평정심이 무엇인지 조금씩 알아간다. 진짜 행복의 길에 서 있다."

　　　　　　　－ 스토아 철학자, 에픽테토스의 문장을 읽고 나서

이 프롤로그를 쓰기 전에도 나는 먼저 고전을 읽고 필사부터 했다. '내 생각을 잘 전달하고 싶다'라는 마음을 내가 먼저 읽고 응원해 주고 싶었기 때문이다. 불편한 감정을 해소할 수 있는 나에게 알맞은 방법을 알고 있어서 참 감사하다. 지극히 평범한 내 삶의 이야기와 고전의 한 문장이 이 글을 읽는 당신에게도 포근하게 전해지길 소원한다.

끝으로 이 책이 나오기까지 다양한 사례를 제공하며 함께 성장할 기회를 준 가족에게 사랑과 고마움을 전한다.

2025년 4월의 어느 날

조현주

마흔, 우울해서 고전을 샀어

Contents

2부

마흔, 고전 읽기로 내 감정의 주인이 되자

1부

마흔,
여자라면
고전을 펼쳐라

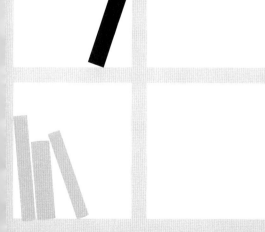

1장

마흔살이,
왜 이렇게 힘들까?

감정의 소용돌이 속에서 시작된 마흔

'2박 3일째 저 상태 그대로구나. 내 손을 거치지 않으면 정리되지 않는구나…. 휴~'

스마트폰의 알람 소리를 듣고서야 무거운 몸을 겨우 일으켜 거실로 나온 아침이었다. 가장 처음 내 눈에 들어온 것은 베란다 건조대에서 걷어놓은 빨래 더미였다. 2박 3일 전, 아무렇게나 걷어 거실로 던져진 빨랫감은 그대로 옷 무덤이 되어 자리를 잡았다. 바쁜 일정에 째려 보기만 하며 미뤄놓은 지 어느새 3일이 된 것이다. 저 커다란 옷 무덤이 가족 중 누구의 눈에도 거슬리지 않고, 내 눈에만 보이는 것이 신기하기만 했다. 아니 빨래 더미 위로 성큼성큼 넘어 다니는 아이들과 남편을 보며 고개를 절레절레 저었다. 진짜 아무렇지도 않은 것일까?

언제부터인가 집안일은 온통 내 몫이 되었다. 첫째를 임신하면서 전업주부가 되었고, 그때부터 당연하게 내가 맡아서

했다. 그게 정답이라고 생각했다. 시간이 흘러 아이는 어느
새 둘이 되었고, 내 일상은 집안일로 가득하였다. 눈을 뜨면
식사를 준비했고, 식사를 마치면 곧장 설거지했다. 식구들의
옷이 가득한 빨래 바구니를 들고 가서 세탁기에 밀어 넣었
고, 외출할 때마다 쓰레기를 들고 나서는 것도 역시 나였다.
매일 돌리지 못한 청소기를 거실에 머리카락이 굴러다닐 즈
음이 돼서야 겨우 작동시켰다. 그렇게 지냈다. 프리랜서 강
사가 되어 그림책 수업을 시작했어도 상황은 변하지 않았다.

'어디서부터 잘못된 거지? 왜 나만 이렇게 발을 동동 구르
고 있을까?'

마흔, 이제야 뭔가 불편하다는 것을 알았다. 하지만 해결할
방법을 몰랐다. 다양한 방법으로 불만을 호소해도 돌아오는
것은 침묵이었다. 몇 번의 잔소리를 반복해야 겨우 움직이는
가족들을 보며 짜증이 났다. 내 시간만 집안일로 소비된다는
생각에 억울하기도 했다.

매일 부지런히 움직이지만 정리정돈 상태가 완벽한 것도
아니었다. 집안일은 하면 티가 안 나고, 안 하면 곧장 티가
나는 일이었다. 이틀만 빨래를 안 해도 제 옷을 찾아 앞뒤로
뛰어다니는 아이의 뒷모습을 봐야 했다. 입고 나갈 옷을 찾
지 못해 애를 태우는 아이를 보면 순식간에 죄책감이 몰려왔
다. 이렇게 하루에도 몇 번의 감정이 오르락내리락했다. 어

떤 감정도 해결하지 못하고 불편한 감정들에 떠밀려 사는 것 같았다.

'도대체 왜 이렇게 힘든 거지?'

나를 힘들게 하는 것은 또 있었다. 2020년, 내가 마흔이 되던 그해는 코로나19 바이러스로 온 세계가 팬데믹에 빠진 해였다. 감염병으로 인한 불안까지 나를 흔들어 놓았다. 하루에도 몇 번씩 손을 씻으며 불안을 잠재우려 했지만 역부족이었다. 막연한 두려움이 이렇게 순식간에 커질 수 있다는 사실이 놀랍기만 했다. 내가 어떻게 해도 해결할 수 없다는 생각에 무기력했다. 작아진 마음을 데리고 사는 것이 쉽지 않았다.

'내 마흔은 이렇게 시작되고 지나가 버리는 것일까?'

마흔, 공자가 《논어》〈위정편〉에서 언급한 '불혹(不惑)'이라는 단어가 머리를 스쳤다. 공자가 언급한 불혹은 아닐 불(不)자와 미혹할 혹(惑)자가 합쳐져 '미혹되지 않는다'는 뜻으로, 쉽게 세상일에 홀리지 않고 또렷한 판단을 할 수 있는 나이가 되었음을 의미한다. 그런데 나의 마흔은 불혹이 아니었다. 미혹되지 않는 것이 아니었다. 시시때때로 흔들리느라 정신이 없었다. 때로는 거실에서 미니 블록을 맞추느라 몰입하고 있는 아이들보다 못하다는 생각이 들기도 했다. 어떤 것에도 집중하지 못했기 때문이다.

이런 내가 싫었다. 마흔이 되면 지금까지와는 달라질 줄 알았다. 큰일이 생겨도 대범하게 행동하고, 아이들 앞에서 성숙한 어른의 역할을 제대로 해낼 줄 알았다. 하지만 현실의 나는 그렇지 않았다. 눈 뜨자마자 짜증을 내고, 잔소리 폭격을 했다. 마음은 동동 떠다니는 것 같았고, 눈은 하루 종일 시계만 쳐다보고 있었다. 끼니때가 되어 주방과 식탁을 오가는 것 외에는 아무것도 하지 못했다. 하기 싫다며 하소연하면서도 그저 잘 먹이고, 잘 씻기는 것을 내 몫으로 여기고 있었다. 그렇게 흘러가는 시간이 아까웠지만, 그 반복되는 수레바퀴에서 벗어나지 못했다.

고전 읽기를 선택하다

톨스토이의 말처럼, 삶은 매 순간의 선택으로 이루어진다. 《톨스토이 인생론》을 펼치며, 나 역시 어떤 선택을 했음을 깨달았다. 내가 이 고전 도서를 펼치게 되다니. 저자도 제목도 낯설고 어려운 이 책을 읽게 된 것은 우연이었다. 하지만 그 우연 속에도 내 선택은 있었다.

아이들의 투덕거리는 소리를 뒤로하고 인터넷 세상 속으로 피신한 3월의 어느 날이었다. 습관적으로 메일을 열었고, 광고 메일을 확인하고 삭제하다가 카페 단체 쪽지를 확인하게 되었다. 지인의 소개로 가입만 해두고 더 이상 방문하지 않았던 카페였다. 그 카페에서 보낸 쪽지의 제목에 '고전 필사'라는 단어가 눈에 들어왔다. 그리고 궁금증에 내용을 읽어보게 된 것이다. 아레테인문아카데미 부매니저의 글이었다. 고전 필사 12기 참여자를 모집하는 내용이었고, 《톨스토이 인생론·참회록》을 4주 동안 읽고 기록하면 된다는 설명이 있었다.

'할 수 있을까? 내가 고전 필사를?'

책 읽는 것을 좋아해서 혼자 읽기도 하고, 지속적으로 독서 모임에 참여하면서 함께 읽기도 하고 있었지만, 고전 필사는 뭔가 어려워 보였다. 고전이라는 단어가 주는 묵직함에 주저했다. 그래도 나는 어느새 카페 공지 글을 읽고 있었다. 그리고 고전 필사 프로그램을 신청했다. 뭔가 집중할 것이 필요했기 때문이다. 그냥 뭐라도 하고 싶었다. 내가 자유롭게 선택해서 할 수 있는 것이 이것이라고 여겼다. 그때는 몰랐다. 그렇게 마흔이 된 2020년, 3월의 어느 날에 시작한 고전 필사를 지금까지 꾸준히 하게 되리라고는……. 게다가 이렇게 고전 필사 노트를 펼치고 책을 쓰게 될 줄은 말이다.

마흔이 되면 괜찮을 줄 알았다. 하지만 나의 마흔은 괜찮지 않았다. 반복되는 일상이 지루했고, 나만 힘들다는 생각에 억울했다. 게다가 감염병의 창궐로 불안했고 무서웠다.

내가 선택할 수 있는 것은 지극히 한정적이었다. 출렁거리는 마음을 다독여줄 것이 필요했다. 고전 필사는 내게 위로가 되었다. 눈을 뜨고 스탠드 불이 밝혀지면 이내 책을 읽었다. 밑줄을 긋고 끄적끄적 생각을 적으며 집중했다. 온몸과 마음이 천천히 깨어나는 것을 느꼈다. 그렇게 내가 선택한 고전 필사로 하루를 시작했다. 마흔의 지금을 이렇게 살 수밖에 없는 인생의 진실한 의미를 구하고 싶었다.

한꺼번에 몰아치는 사건들

오늘 하루는 평안하게 지낼 수 있기를 소원했다. 하지만 사춘기를 보내고 있는 아들의 전화번호가 스마트폰 홈 화면에 뜨자 불안한 예감이 온몸을 휘감았다. 이내 힘겨운 아들의 목소리가 들렸다.

– 엄마, 머리가 너무 아파서 고개를 들 수 없어요. 학교 못 갈 것 같아요.

인근 초등학교의 1교시 수업을 앞두고 교사 협의실에서 대기하고 있을 때였다. 일주일 중에 딱 하루 오전 수업이 있는 날이었다. 하필 그날에 아들은 아팠다. 벌써 이번 주만 해도 두 번째 병결이다. 당장 해줄 수 있는 것이 없는 엄마는 겉으로만 태연하게 전화를 받았다.

– 병원에 전화를 미리 해둘 테니까 옷 챙겨 입고 병원부터 다녀와. 혼자 다녀올 수 있지?

– 예…… 알았어요.

– 이제 엄마는 수업 들어가야 하니까 조심해서 다녀와. 학교에 제출할 처방전도 챙기고.

– 예…….

힘겹게 옷을 입고 혼자 병원에 갈 아들을 생각하니 속상했다. 그림책을 들고 즐겁게 읽고 신나게 책 놀이 수업을 진행해야 하는데 한숨부터 나왔다. 힘든 마음을 내색해서는 안된다고 생각하니 내 표정이 굳어졌다. 안면 근육이 제대로 움직이고 있는지 의심스럽기까지 했다.

무거운 마음을 달래며 겨우 1교시 수업을 마치고 정리를 하던 중이었다. 이번에는 야간 근무를 마치고 오전에 퇴근한 남편의 카카오톡 메시지가 도착했다.

– 오늘도 아들은 집에 있네. 도대체 학교를 왜 못 가는 거야? 등교는 시켜야지.

– …….

– 진짜 아픈 거 맞아? 학교에서 무슨 일 있는 거 아니야? 상담 신청 좀 해봐.

– …….

– 평상시에 잘 챙겨 먹이면 좋을 텐데. 왜 아프고 나서야 병원에 가고, 약을 챙기는 거야?

연속적으로 이루어지는 2교시 수업을 위해 바쁘게 준비하느라 메시지에 대답도 못했다. 내 대답도 없는 메시지 창에 남편의 질문은 쏟아지고 있었다. 아이가 아픈 것도 내 탓으로 돌리는 것처럼 느껴져서 상당히 불편했다. '아이가 아프니 화도 나고 속상해서 그렇겠지'라고 생각하며 이해하려고 해도 쉽지 않았다. 그 순간 나에게는 조금의 여유도 없었기 때문이다.

'내가 놀러 나온 상황이 아닌데. 지금 나는 그림책 수업을 즐겁게 하려고 애쓰고 있는데, 왜 나한테 이런 메시지를 계속 보내는 것일까?'

이제는 아이가 아픈 것보다 남편의 걱정 섞인 메시지가 더 내 마음을 아프게 했다. 대답도 하지 못한 메시지 창을 내려다보고 있으니, 머리까지 지끈거렸다. 양손의 검지를 사용해 의식적으로 관자놀이를 꾹꾹 눌렀다. 몇 번을 눌러도 머리는 맑아지지 않았다. 아파서 학교에 못 가겠다는 사춘기 아들과 아파도 학교는 가야 한다고 생각하는 아빠 사이에서 샌드위치가 된 기분이었다. 두통, 복통, 감기에 시달리며 겨우 등교하고 있는 아들은 불쌍하고, 아들의 결석을 성실하지 못하다고 여기는 아빠는 답답했다. 그 사이에는 아들과 남편의 욕구를 채우느라 전전긍긍하는 내가 있었다. 여기저기에서도 채워지지 않는 내 욕구는 누가 챙겨야 할까?

내가 살아남는 방법, 고전 필사

"지난 생에는 다른 사람들에게 맞춰 사느라 몰랐어요."

"뭘 몰랐다는 말이죠?"

"나에 대해서요."

"그래서 많이 알아내셨나요?"

"아니요. 알아가는 중이랍니다."

무심히 짧은 드라마 영상을 보다가 멈칫했다. 다른 사람들에게 맞추느라 나에 대해서 잘 모르고 살았다는 여주인공의 대사가 귓가에 크게 울렸기 때문이다. 전생의 기억을 가지고 두 번째 생을 살아가는 주인공. 그 주인공에게 이번 생의 목적은 바로 자신이었다.

남에게 칭찬받고 싶어서, 너그러운 사람으로 보이기 위해 감정을 터뜨리는 행동들. 그것은 결국 진짜 '나'가 없는 삶을 의미하는 것이 아닐까? 톨스토이의 《참회록》에서처럼 다른 사람에게 맞추고, 다른 사람에게 인정받기 위한 모든 행동은 정신병원의 모습과 비슷한 것이었다. 즉 내 안에 내가 없는 행동은 이리저리 휘둘릴 수밖에 없는 것이다. 톨스토이도 젊은 시절의 자신은 무엇을 써야 할 것인가를 알지 못한 채 썼다고 고백했다. 한 사람이 태어난 후 시간이 흐른다고 자신에 대해서 자연스럽게 알게 되는 것이 아니었다. '나에 대해 알아야겠다'라는 의지와 알아가려는 노력이 필요한 것이다.

《죽음의 수용소에서》의 작가 빅터 프랭클에 의하면 인간은 그저 존재하는 것이 아니라 앞으로 어떻게 존재할 것인지 판단을 내리며 살아가야 한다. 나에 대해 알아야겠다고 결심하기 위해서 드라마 속 여주인공처럼 다시 태어날 필요는 없다. 아니, 그런 일은 현실에서 일어나지 않는다. 두 번째 스무 살, 마흔 살을 시작하는 당신이 시작하면 된다. 앞으로 어떻게 존재할 것인지 내가 판단하고 선택하면서 살자. 그러기 위해서는 나에게 집중하는 시간이 필요하다. 나에 대해 알려면 내가 나에게 질문하는 시간이 있어야 하기 때문이다.

일상에서 나에게 질문하는 시간을 가지려면 어떻게 해야 할까? 마흔을 살아가는 나는 지금도 너무 바쁜데 말이다. 게다가 사건은 한꺼번에 몰아친다. 일은 매일 해야 하고, 아이는 수시로 아프다. 그리고 배우자는 단 몇 마디의 말로도 충분히 내 감정을 흔든다. 생텍쥐페리는 《야간비행》에서 사건들이 한꺼번에 몰아치는 모습을 거대한 원시림 속 작은 존재에 비유했다. 나도 그런 기분이다. 자신을 돌아볼 틈을 갖는 것이 가능하기는 할까?

한꺼번에 쏟아지는 사건들 속에서 한없이 작아진 내가 살아남는 방법은 고전 필사였다. '도대체 다들 나한테 왜 이래?'라고 외치고 싶은 사건들이 터지면 거침없이 출렁거렸다. 짜증 나고, 화가 났다. 서운했다가 억울해서 눈물도 흘렸다. 그렇게 한참을 불편한 감정에 푹 빠져서 허우적거리고 나면 결국 내 몸이 아팠다. 그래서 또 서러웠다. 감정이 출렁거리는 시간을 줄이고 싶었다. 그래서 고전을 읽고 필사를 했다. 고전을 필사하고 내 생각을 쓰면서 나는 나에게 질문했다.

'나는 왜 상대의 감정을 돌보느라 내 마음을 내버려두었을까?'

'나는 격한 감정을 쏟아내는 상대에게 왜 아무런 말을 하지 못할까?

'내 감정이 출렁거릴 때, 나는 어떻게 해야 편안해질까?

내 안에 떠오르는 대로 적었다. 그리고 나만의 대답을 찾아보곤 했다. 물론 질문에 대한 답을 명확하게 알아내기 어려울 때도 있었다. 그러면 그런 상태로 두었다. 단 몇 번의 필사로 모든 것이 명확해지지 않기 때문이다. 또 비슷한 질문이 떠오를 때, 그 질문에 멈춰 생각해 보면 되는 것이다. 끝없이 깊은 곳에 있는 내 안의 보물이 명확히 보일 때까지.

엄마의 딸, 딸의 엄마

– 엄마, 집에 계세요?

– …….

카카오톡 메시지를 보낸 지 30분이 지났다. 글자 앞의 숫
자 1이 사라지지 않는다. 엄마는 평소에도 메시지를 늦게 확
인하시는 경향이 있어 '독서 모임을 마치면 전화해 봐야겠
다'고 생각하고 잠시 스마트폰을 내려두었다. 한 시간쯤의
시간이 흐르고 내 일정이 마무리되었다. 가벼운 마음으로 엄
마와 통화를 시도했다.

– 고객이 전화를 받지 않아 삐 소리 이후 음성 사서함으로
연결됩니다.

기대했던 엄마의 목소리는 들리지 않고, 안내 메시지만 반
복되었다. 한 번 더 통화를 시도해도 마찬가지였다. 갑자기
심장이 두근거리기 시작했다. '집으로 가서 확인해 봐야겠
다'고 생각한 즉시 나는 자동차의 핸들을 친정집 방향으로

틀었다.

'가방 안에 스마트폰을 두고 진동으로 해두셨을까?'

'스마트폰이 방전되었는데 알아차리지 못하신 것일까?'

'곤히 주무시고 계시는 것이겠지?'

운전하면서 이런저런 생각이 머릿속에 오고 갔다. 얼마 전에 보았던 영화의 한 장면도 생각났다. 노령의 할머니께서 화장실에서 용변을 보고 일어나시다가 허리가 삐끗해서 그 자리에서 쓰러지는 장면이었다. 할머니는 자녀들의 전화도 받지 못했고, 결국 저녁때가 되어 걱정하던 자녀들이 할머니의 집으로 직접 찾아가서야 상황에 대처할 수 있었다. 참담했다.

'설마 영화 속 할머니처럼 화장실에서 넘어지신 것은 아닐까? 아니야, 아닐 거야!'

고개를 흔들어 머릿속에 떠오른 장면을 흩어 버리고 운전에 집중했다. 매번 찾아가던 그 길이 그날따라 너무 멀게 느껴졌다. 숨을 쉬는 것도 잊었다. 애써 큰 숨을 쉬지 않으면 안 되었다. 몇 번의 한숨을 쉬었을 때, 친정집 아파트 주차장에 도착했다. 주차하고 급하게 엄마 집으로 향했다. 알고 있던 공동현관 비밀번호도 잘못 눌러서 두 번이나 다시 확인하고 나서야 현관문을 통과할 수 있었다.

"엄마?"

"……."

20층 현관문을 열고 들어섰을 때, 집 안은 고요했다. 그 어디에서도 엄마의 목소리가 들리지 않았다. 자주 입으시던 외투는 의자에 걸려 있었고, 항상 들고 다니시던 손가방도 제자리에 있었다. 엄마만 없었다. 심장박동은 속도를 늦추지 못했다. 또 다른 걱정이 떠오를 찰나 손에 들고 있던 나의 스마트폰이 울렸다. 엄마였다.

– 엄마, 나 지금 엄마 집에 왔는데. 어디세요? 전화도 안받고, 카카오톡 메시지에도 응답이 없고, 걱정되서 왔어요.

– 응? 오늘 아침에 갑자기 목욕탕에 가고 싶어서 왔어. 집 근처 목욕탕이 쉬는 날이라 옆 동네까지 왔지. 너야말로 말도 없이 무슨 일이야?

– 휴~

엄마의 목소리를 듣고 나서야 안도의 한숨을 길게 쏟아냈다. 괜한 걱정한, 나 자신이 한심했다. 마흔은 나를 걱정쟁이로 만들었다. 수시로 걱정을 만들어서 하고 있었다. 나에게 정서적 지지자가 되어 주셨던 엄마가 점점 약해지고 있다는 것을 느낀 때가 마흔 무렵이었기 때문이다. 마흔의 부모님은 늙어 가신다.

공포와 불안에 떨었던 가슴을 천천히 쓸어내리고 엄마와

함께 식사했다. 여느 때처럼 두런두런 이야기를 나누며 차도 마셨다. 이 평범한 일상이 너무 감사했다. 마음을 졸이며 보낸 시간이 무색할 정도였다. 따뜻한 찻잔을 손에 쥔 채, 우리는 한동안 앉아 있었다. 그리고 그 순간, 죽는 순간 사랑하는 사람들의 이름을 모두 부를 수 없으니 살아 있는 동안 가능한 한 많은 시간을 함께해야 한다는 오츠 슈이치의 말이 귓가에 울리는 것 같았다.

숨을 쉬지 못할 정도로 긴박한 일이 일어나고 나서야 비로소 찾는 것이 아니라, 먼저 사랑하는 사람과의 시간을 마련하는 것이다. 이날 차의 향기는 새삼 더 향긋했다.

둘째 아이의 하교 시간이 다가오고 있었다. 이제 내가 엄마 역할을 하기 위해 움직여야 했다. 친정 엄마가 챙겨주시는 반찬을 한 아름 받아 들고 다시 핸들을 잡았다. 방향만 바뀌었을 뿐, 오던 길보다는 한결 짧아진 길이었다. 똑같은 거리라도 내 마음의 상태에 따라 길고 짧게 느껴지니 신기할 따름이다.

'이상하다? 왜 이렇게 안 오지?'

항상 하교하는 시간이 넘어가도록 아이가 오지 않았다. 문자를 보내고 기다려도, 답 문자가 없었다. 더 이상 기다리지 못하고 전화를 걸었지만 역시 받지 않았다. 또 오전과 같은 상황이 반복되니 짜증이 났다. '오늘따라 왜 이런 거야!' 간신히 편안해졌던 마음은 다시 요동치기 시작했다. 눈은 계속 시계의 초침을 따라가고 있었고, 스마트폰을 쥔 손은 다시 땀으로 젖어 들었다.

'별일 없을 거야. 피아노 학원에서 연습하느라 못 들었겠지. 괜찮을 거야.'

긍정적인 생각으로 나를 계속 다독였지만, 다시 두근거리고 있는 심장박동은 조금도 편안해지지 않았다. 마흔 여자의 아이들은 사춘기를 맞이한다. 자신만의 시간과 공간을 요구하고, 엄마 말을 잘 들었던 어린이에서 청소년으로 성장하기 위해 애쓰고 있다. 엄마는 아이의 첫 번째 자리에서 벗어난 지 오래다. 그 자리는 이미 친구가 차지하고 있다. 하지만 그것을 인정하지 못하고 미련이 있는 것은 바로 마흔의 여자, 엄마였다.

– 엄마, 전화하셨어요? 친구랑 운동장에서 잠깐 놀다가 피아노 학원 갔어요. 지금 집으로 가요.

아이는 무사했다. 게다가 자신의 시간을 현명하게 사용하고 있었다. 아이는 친구의 일정과 조율해서 안전한 공간에서 자유 시간을 즐겼고, 학원에 갈 시간도 확인하고 있었다. 제 속도에 맞춰서 잘 자라고 있는 아이를 괜한 걱정의 시선으로 미루어 짐작하고, 정작 내 시간을 죽이고 있었다.

《예언자》의 저자 칼릴 지브란에 의하면 아이들은 살아 있는 화살처럼 부모로부터 쏘아져 앞으로 나아간다. 제 삶의 방향을 향해 앞으로 나아가려는 화살을 붙잡고 있는 것은 어리석다. 아이들이 마음껏 날아갈 수 있도록 놓아주고, 내 삶의 활에 집중해 보자.

마흔의 여자는 한숨을 몰아쉬느라 바쁘다. 엄마의 딸도 해야 하고, 딸아이의 엄마도 해야 한다. 그 사실은 변하지 않는다. 하지만 역할에만 충실하다가 자신을 잃어버리는 실수는 하지 않아야겠다. 쓸데없이 걱정쟁이가 되는 순간, 나를 감동시킨 고전의 한 문장으로 고른 숨을 쉬어보면 어떨까?

경제적인 고민이 더 커지는 마흔

"이제 외식 금지다. 이번 달 카드 결제금액이 너무 많이 나
왔어!"

"이런, 정말? 어떻게 하지?"

"손가락 빨고 살아야지."

"그게 무슨 소리야! 휴, 큰일이네!"

신용카드사의 명세서를 확인하는 날이면 종종 남편과 나
누는 대화다. '내 월급만 빼고 다 오른다'라는 말이 실감 나
는 순간이다. 수입은 한정적이고 써야 할 돈의 항목은 계속
늘어난다. 오랜만에 소식을 전하는 경조사 문자도 반갑지 않
은 날이 생긴다. 한 사람의 몫을 다하며 살기 위해서는 돈이
필요한 세상이다. 내가 그림책 선생님으로 수업을 시작하면
서 외벌이에서는 벗어났지만, 경제적인 고민은 줄지 않는다.
일정하지 않은 프리랜서 강사의 급여로는 크게 도움이 되지
않는 경우가 종종 있다.

"엄마, 수학 학원 보내주세요. 혼자 공부해서 이해가 안 되는 것이 있어요. 다음 시험에서는 더 좋은 점수 받고 싶어요."

중학교 2학년이 된 아들은 학교에서 첫 시험을 치렀다. 그 아이 인생에서 처음 경험하는 시험이었다. 초등학교 6년 내내 그리고 중학교 1학년을 자유 학년제 과정으로 보내면서 과목마다 단원평가만으로 자신의 학습 수준을 확인하던 아이였다. 하지만 결과가 점수로 명확하게 보이는 1회 고사(나의 학창 시절에는 중간고사였다)를 치르고 나서 다소 충격을 받은 듯했다.

자식이 공부를 더 잘하고 싶다면서 학원을 보내 달라고 하는데 외면하는 부모는 없다. 나도 그랬다. 수학 학원을 수소문했고, 아이에게 맞는 소수정예 학원을 찾아 상담받았다. '아이가 공부하고자 하는 마음이 있어서 잘할 수 있을 거예요'라는 선생님의 말씀을 들으며 나는 동시에 신용카드를 내밀고 있었다. 신용카드 단말기가 영수증을 뱉어냈다. 그 하얀 종이는 결국 내 손에 쥐어졌다. 또 다음 달 급여를 미리 당겨쓰기 시작한 것이다.

'괜찮아. 꼭 필요한 돈을 쓴 거야. 내가 아이를 위해서 쓸 수 있는 돈이 있어서 감사한 거야.'

아이를 차에 태우고 집에 돌아오는 길에 나도 모르게 되뇌고 있었다. 한정적인 돈이지만 의미 있는 곳에 잘 쓰고 있다고 다짐까지 해야 하는 현실이 답답했다. 차량 라디오에서 흘러나오는 오래된 대중가요의 가사가 내 귀에 꽂혔다. 〈촛불 하나〉의 후렴구에 나오는 '힘이 들 땐 내게 기대'라는 가사는 들리지 않았다. 내 귀에는 '왜 이렇게 사는 게 힘들기만 한지'라는 문장만 반복해서 들렸다. 그나마 내 옆에 앉아서 선생님께 받은 문제집을 받아 들고 훑어보는 아들의 모습이 위안이 되었다.

"엄마, 나도 친구들처럼 펜으로 화면에 그림 그리고 싶어요. 노트북으로 할 수 있대요."

그림 그리기를 좋아하는 둘째는 미술 도구에 관심이 많다. 다 있는, 그 매장에 가면 새로운 미술용품이 배치된 곳에서 고개를 숙이고 한참이나 들여다보곤 한다. 그런 아이가 이번에는 스케치북이 아니라 화면에 그림을 그리고 싶다고 말하는 것이다.

'그건 또 뭐지? 프로그램을 구입해야 하는 건가? 그리기 도구도 점점 달라지는구나!'

아이의 말을 듣고 대답하기도 전에 제멋대로 내 머리를 스치는 생각에 겁이 난다. 내가 해줄 수 있는 것인지 불안하다. 아이가 원하는 것을 해주고 싶은 마음은 여느 부모와 같기 때문이다. 새로운 경험을 위해서는 비용이 든다. 결국은 돈 문제다.

마흔을 사는 여자는 돈이 필요하다. 가족이 함께 먹고 입고 사는 데 돈이 필요하고, 아이들을 공부시키고 다양한 경험을 선물하기 위해서도 돈이 필요하다. 게다가 아이만 성장시키는 것이 아니라 엄마인 나도 키워야 하기에 더 고민이 된다. 지난 2023년, 나는 몇 해 동안 예의주시하며 바라보기만 했던 석사과정을 시작했다. 대학교 졸업 후 거의 20년 만에 새로운 영역의 공부를 해야 한다는 것이 두렵기도 했지만, 가장 걱정되었던 것은 바로 학비였다.

"도서관에서 강의하는데 석사 학위가 꼭 필요한가?"

"강의 영역을 더 넓히고 싶어. 민간자격증과 강의 경력으로는 부족해."

"학비는 어떻게 충당하려고? 지금도 부족한 상황인데……."

남편의 말에 공감했다. 잔액이 남아서 다음 달을 그리고 그다음 달을 준비한 적은 없었다. 이 상황에서 나까지 공부한다고 나서는 것은 욕심이었다. 하지만 더 미루면 진짜 시작할 수 없겠다는 생각이 들었다. 나는 장학재단의 도움을 받아 대학원생이 되었고, 2024년 8월, 무사히 졸업했다. 물론 3학기의 학비는 고스란히 갚아야 할 빚이다.

현실의 높은 장벽 앞에서 고개를 들어 그 높이를 가늠할 수 없을 때 먼저 고전을 펼친다. 그러면 내게 꼭 필요한 문장이 나에게 다가온다. 그러면 또 힘든 하루를 살아낼 만큼의 힘이 생기곤 한다.

독일을 통일하여 독일 제국을 건설한 외교관이자 정치인인 오토 폰 비스마르크는 "인생이란 치과의사 앞에 서 있는 것과 같다"라고 했다. 치과의사 앞에 앉을 때마다 최악의 통증을 상상하지만 그러다 보면 통증은 지나간다고 말이다. 생각했던 것보다 훨씬 작은 통증을 남기고. 통증이 전혀 없을 수는 없겠지만 그 고통의 경험은 또 다른 방향으로 나를 성장시킨다.

《세상의 중심에 너 홀로 서라》의 저자 랄프 왈도 에머슨의 말처럼 신의 숨겨진 뜻은 우리의 노력에 달려 있다. 우리의 용기가 가장 훌륭한 신이기 때문이다. 용기를 내어 노력하면서 자신의 삶을 개척하는 사람에게는 신도 기꺼이 축복한다는 것이다.

'언제까지 힘들어야 할까?'

앞으로도 계속 경제적인 문제는 안고 갈 것이다. 인생이라는 짐에는 크고 작은 문제가 섞여 있다. 경제적인 문제는 그중 하나일 뿐이다. 앞으로도 한정적인 돈으로 용기 있게 선택해야 하는 일이 자꾸 생길 것이다. 그때마다 어떤 선택을 할지는 각자 자신에게 달려 있다. 나는 나와 우리 가족을 위해 내 앞의 현실에 기꺼이 책임지는 좋은 선택을 하고 싶다.
스스로 기준을 세우고 생각을 다듬을 때 비로소 참된 자유를
얻을 수 있다는 타고르의 말처럼, 흔들리지 않는 나만의 길
을 찾기 위해 오늘도 고전을 펼친다.

여기저기 아픈 마흔

'음……. 이상하다? 아랫배가 뻐근하네. 아직 생리할 때가 아닌데…….'

나도 모르게 아랫배를 손으로 꾹 누르고 있었다. 그리고 달력을 넘기며 날짜를 확인했다. 생리 예정일이 보름 이상 남은 날이었다. 예상하지 못한 복통에 고개를 갸웃거리며 화장실에 갔을 때, 혈흔을 보고 깜짝 놀랐다.

'갑자기 왜 그러는 거지? 자궁에 문제가 생겼나?'

마흔이 되면서 내가 새로 느낀 통증은 바로 배란통이다. 서울대학교병원 의학 정보에 따르면 배란통은 가임기 여성이 보통 생리 2주 전 배란기에 접어들면서 발생한다. 실제 배란되기 위해 난소의 난포가 늘어나고 터지는 과정에서 통증이 유발된다. 배란통 시기에는 복부 불편감과 하복부의 통증, 몸살 등의 증상이 나타날 수 있지만, 심할 경우 일상생활에 방해가 될 정도로 불편감을 호소하는 경우도 있다. 일반

적으로 특별한 치료는 필요 없으나, 심할 경우 진통제를 처방한다.

'생리 기간에도 생리통을 참느라 배를 부여잡고 살았는데 이제 배란통까지 시작되다니! 한 달에서 보름을 불편한 상태로 있어야 한다고?'

팽팽해진 아랫배를 손으로 문지르며 진통제를 찾았다. 증상이 심하지 않고 금세 사라진다는 것은 알고 있지만, 아랫배만 불편한 게 아니라는 것이 문제였다. 미열이 느껴지고 두통이 심해졌다. 두 다리가 묵직해졌고 속도 울렁거렸다. 마치 입덧하는 것처럼. 진통제를 먹고 누워야겠다는 생각만 들었다. 아픈 곳이 하나둘 늘어가는 것이 억울하고 짜증났다.

마흔의 여자는 아프다. 육아하는 엄마들의 소통을 이어가는 온라인 카페에는 고통을 호소하는 글과 댓글을 쉽게 볼 수 있다.

─ 매달 아파요. 좀 괜찮아진다 싶으면 목이 부어오르고 열이 나요. 약을 챙겨 먹으면 잠시 좋아졌다가 체력이 떨어지고 생리가 시작된답니다. 조금만 움직여도 피곤하고 근육이 줄어드는 것도 눈에 막 보여요. 앉았다가 일어날 때 눈앞이 핑 돌아서 깜짝 놀란 적도 있답니다.

'내일 마흔'이라는 아이디를 쓰는 분의 글 아래는 공감 댓글이 끊임없이 이어진다.

– 글을 읽고 있으니 남 일 같지 않네요.

– 운동해야 한다는 걸 알면서도 실천하기 어려워요.

– 종합비타민 섭취하세요.

– 건강검진을 해보세요.

30대에 만난 40대 언니들의 통증 이야기는 실감 나지 않았다. 분명 잠이 깼는데 눈만 떠지고 몸을 일으키기 힘들다는 말, 너도 마흔이 되어 보면 안다는 그 말에 고개를 갸우뚱거렸다. 순식간에 체력이 떨어진다며, 얼마나 겁을 주는지 일부러 외면하고 싶었던 적도 있다. 하지만 이제는 안다. 없던 통증이 하나둘 늘어나는 걸 체험하면서 외면했던 언니들의 말이 새록새록 떠오르곤 한다. 나이 드는 것도 서럽고, 몸 이곳저곳이 조금씩 아픈 것도 화가 난다.

자녀에게 거부당하는 마흔

"아들, 밥 먹자."

"저 친구들이랑 온라인 게임 하는 중이에요. 지금 배고프지 않아요."

"밥상 차린다고 미리 말했잖아."

"배고프지 않다고 했잖아요."

한가한 일요일 오전, 아이들과 함께 먹으려고 생선을 굽고, 김치부침개를 부치고 삼계탕까지 준비했다. 그리고 냉장고에서 반찬통을 꺼내다가 아들의 짜증 섞인 목소리를 듣고 멈춰버렸다. 반찬을 준비하기 시작한 30분 전부터 예고했는데 소용이 없다.

늦잠을 자고 일어난 아들은 눈 뜨자마자 시리얼을 간식 삼아 먹더니 그대로 컴퓨터 앞에 자리를 잡았다. 커다란 헤드폰까지 장착하고 친구들과 함께 게임을 시작하면 뒤통수에서 들려오는 엄마의 목소리는 들리지 않는다. 그래서 미리 말하고 상을 차리지만, 번번이 거부당하기 일쑤다. 일하러 나가지 않는 휴일이라도 잘 먹이고 싶은 엄마의 마음은 욕심이다. 난 열던 반찬 뚜껑을 다시 덮어두고 안방으로 들어갔다. 게임을 하는 아들의 뒷모습을 더 보고 있다가는 버럭 소리 지를 것 같았기 때문이다. 이럴 땐 경험상 그 공간을 벗어나는 것이 상책이다.

"어제 하루 종일 엄마 없어서 보고 싶었어?"

"……."

"엄마가 보고 싶진 않고 편했구먼."

아직은 두 팔을 벌리며 안아 달라는 열세 살 딸아이를 품에 안고 아이의 귀에 속삭였다. 하지만 예상한 대답은 돌아오지 않고, 아이는 씩 웃기만 한다. 어색한 미소 뒤에 엄마와의 눈 맞춤을 피하는 아이. 이제 우리 막내에게도 엄마가 없는 시간이 편해지고 있다. '숙제해야지' '준비물은 챙겼니?' '친구랑 어디서 놀았어?' 끊임없이 질문하는 엄마가 없으면 스마트폰 세상으로 빠지기도 좋으리라.

2025년, 아들은 고등학교 1학년, 딸은 중학교 1학년이 되었다. 부모 경력 17년 차를 맞이하는 엄마는 어느새 매일 아이들에게 거부당하는 것이 일상이다. 마흔, 가정에서의 엄마 자리 설정도 다시 해야 하는 시기다. 아이들에게 거부당해서 서운하다는 감정에서 벗어나 한 걸음 떨어져서 독립하는 아이들에게 신뢰하는 눈빛을 보내야 한다. 하지만 나는 엄마에게서 서서히 거리두기를 시작하는 아이들을 바라보며 과감하게 돌아서지 못하는 짝사랑 대장이다.

흔들리는 마흔을 산다. 여기저기 몸이 아프기 시작해서 일상이 흔들린다. 계획해 둔 일은 기한도 없이 밀리고, 진통제는 어느새 상비약이 된다. 아침마다 한 주먹씩 영양제를 챙겨 먹어도 유행하는 전염병은 다 걸린다. 각종 통증에 익숙해지기도 힘든데, 아이들은 엄마 말을 듣지 않는다. 엄마가 자기들 세상의 전부였던 아이들이 이제 사춘기를 시작했기 때문이다. 엄마의 잔소리에 논리적으로 반박을 시작하니, 늘 내뱉던 말도 흔들린다.

하지만 지금 흔들린다고 해서 잘못된 것은 아니다. 그 이유를 고전에서 찾았다. 칼릴 지브란은 《예언자》에서 우리가 발을 절룩거리며 목표를 향해 간다고 해서 악하거나 뒤로 가는 것은 아니라고 했다. 지금 목표를 향해 곧게 걸어가지 못해도 뒤로 가는 것은 아니다. 마흔을 살아내느라 발을 좀 절룩거린다고 악한 것도 아니다. 그러니 슬퍼하지 말자. 흔들리는 마흔의 이 시간, 내가 어떻게 존재하고 어떻게 행동할 것인지 판단하고 또 살아가면 되는 것이다.

마흔, 마음껏 흔들려도 괜찮다.

2장

출렁이는 감정을
돌보는 고전 읽기

내가 모르던 나를 만나는 시간

2024년 1월을 맞이하고 두 번째 토요일, 내 생애 첫 도전을 앞두고 있었다. 지난 한 주간 지도 앱을 몇 번이나 검색하고 결정한 일이었다. 고심한 끝에 선택한 도전은 내가 운전해서 인천을 벗어나는 일이었다. 지난해 2월 운전을 시작하고, 약 10개월 만의 도전이었다.

초보 운전 스티커를 붙이고 운전을 시작했다. 운전을 시작하면서 지난 10개월 동안 내가 사는 인천을 마음껏 이동할 수 있었다. 수업을 위해 도서관과 학교 그리고 평생학습 기관으로 이동하면서 아주 천천히 운전에 익숙해졌다. 처음에는 어찌나 긴장했는지, 온몸이 경직되어 있다는 것을 집에 와서야 느낄 수 있었다. 1시간 운전을 하고 나면 2시간을 누워있어야 했기 때문이다. 뿌듯하면서도 힘들었다. 계속할 수 있을지 의문도 들었다. 누군가에게는 너무 쉬운 일이 내겐 일생일대의 도전이었기에 병아리 운전을 시작한 지금에 와서 포기하고 싶지는 않았다.

'자, 출발합니다. 안전하게 다녀올 수 있게 해주세요.'

자동차의 시동을 걸면서 자연스럽게 기도가 나왔다. 초긴장 상태에서 벗어나는 나만의 방법이었다. 여러 차례 천천히 숨도 쉬었다. 너무 긴장할 때는 숨 쉬는 것도 잊어버리기 때문이다. 의식적으로 내가 나를 격려하고 응원했다. 그 순간 나를 응원할 사람은 나밖에 없었다. 나를 안전하게 데리고 갈 사람도 나 자신뿐이었다.

마흔, 여자의 도전은 새로운 감정과 만나게 한다. 늘 똑같이 반복되는 일상에서 비슷한 감정만 느끼고 살다가 새로운 자극이 내 몸의 온 신경을 깨운 것이다. 미리 겁을 먹고 그마저도 포기했다면 절대로 느낄 수 없는 기분이었다.

'오~ 도착! 감사합니다.'

처음 낯선 곳에 주차까지 성공하고 시동을 끄면서 알았다. '나 오늘, 한 뼘만큼 성장했구나! 참 잘했다.' 지금의 기분이라면 뭐든 해낼 수 있을 것 같았다. 하지만 차에서 내리자마자 약속된 장소를 찾느라 또 고개를 갸우뚱거려야 했다. 아직은 긴장을 늦출 수 없는 낯선 곳이었기 때문이다. 도전이 계속되는 하루였다. 그 긴장감이 싫지 않았다. 내가 모르던 나를 만난 기분이었다.

출발하기 전, 같은 풍경도 다르게 볼 수 있다는 생각에 마음이 한결 가벼워졌다. 마르쿠스 아우렐리우스의 《명상록》에서처럼, 새로운 삶을 시작하는 것은 결국 나 자신에게 달려 있으며, 익숙한 것도 새롭게 바라보는 것이 그 시작임을 다시금 깨닫는다. 고전을 읽으며 하루하루 새롭다.

같은 사물도 다르게 바라볼 수 있는 시선을 가지게 된 마흔의 나는 낯설면서도 반갑다. 다른 사람의 지시나 권유가 아닌, 내가 찾아낸 내 진짜 모습이기 때문이다.

한계를 넘어 책 쓰기에 도전하다

우리가 어떤 일을 해내느냐, 그렇지 못하느냐 하는 것은 내 의식의 한계가 어디에 있느냐에 달려 있습니다. 공자는 '네가 스스로 한계선을 그은 것이다. 못하는 것이 아니라 안 하는 것이다'라고 이야기합니다.

임성훈 작가의 《고전 읽기 독서법》에 나오는 문장이다. 인문학 작가이자 고전독서 교육법 코치인 임성훈 작가는 그의 저서에서 우리의 행동은 자기 의식에 따라 달라진다고 언급한다. 이 문장을 읽으며 나는 어떤 일을 시작하기도 전에 내가 그은 한계선 때문에 하고 싶은 것을 외면했던 경험이 떠올랐다.

'내가 어떻게 그렇게 긴 글을 쓸 수 있겠어!'

'조금 더 준비하고 시작하면 할 수 있을까?'

'성공한 사람들이나 책을 쓸 수 있을 거야. 나는 할 수 없어.'

글을 쓰면 마음이 편안했다. 한 편의 글을 쓰고 나면 무척 뿌듯했다. 누군가의 칭찬이나 인정이 없어도 그 성취감으로 하루를 살았다. 그렇게 기사도 써 보고, 보고서도 썼다. 강의 참여자로 후기 글도 작성하고 도서 서평도 부지런히 작성했다. 그러면서 책을 쓰고 싶다는 생각이 자연스럽게 솟아났다. 하지만 내면에서 내 한계를 정하고 있었다. 감히 내가 꿈꿀 수 없는 것이라고 정해버린 것이다. 그러니 방법을 찾지도 않았다. 그렇게 시간이 흘렀다.

코로나19 바이러스가 사람들의 일상을 정지시킨 2020년, 나는 고전을 읽고 쓰기 시작했다. '다독'이 책 읽기 방법의 전부였던 내가 한 권의 책을 제대로 읽고 싶어 시작한 고전 필사였다. 그리고 다양한 고전을 읽고 쓰면서 그전에는 외면하고 있었던 나와 마주하게 되었다.

생텍쥐페리의 잠언집 《우리가 사랑해야 하는 이유》에 의하면 먼저 자기 자신에 대한 진정한 발견이 중요하다. 그 위에서 세운 목표만이 가장 진실한 것이다. 글을 읽고 필사하면서 나는 나와 만나기 위해 안간힘을 썼다. 오늘을 살 수 있게 하는 힘은 어디서 나오는지 나에게 질문했다. 진짜 하고 싶은 일을 찾고, 그 일을 하며 살고 싶었다. 그러기 위해서는 고요히 앉아 있는 시간이 필요했다. 고전 필사의 시간은 마흔의 나를 마주하는 시간이었다.

'아! 내가 책을 쓰고 싶구나. 내 경험과 사례들을 세상에 나누고 싶구나!'

고전을 읽고 쓰면서 알았다. 외면했던 나의 꿈을 찾았다. 자신이 없어서, 방법을 몰라서 미뤄두었던, 진짜 하고 싶은 일을 마주했다. 내 의식에서 한계를 그어두었던 그 일은 바로 책 쓰기였다.

2020년 그해, 나는 책 쓰기를 시작했다. '잘 쓸 수 있을까?' 하루에도 몇 번씩 두려움과 싸우고, '끝까지 해낼 수 있을까?' 내 역량을 걱정하면서 시작한 책 쓰기였다. 하지만 고전 필사를 이어가며 내가 나를 응원했다. 잠재력을 깨우고, 노트북을 열어 매일 첫 문장을 쓰기 시작했다. 그러면 목표했던 한 장의 글을 완성할 수 있었다. 매일 고군분투했지만 진짜 하고 싶은 일을 해내며 뜨겁게 즐거웠다. 2020년 12월, 내 첫 책《내 아이 잠재력을 깨우는 하루 한 권 그림책 놀이》는 그렇게 세상에 태어났다. 꿈을 이뤘다.

이치를 깨닫는 것은 스스로 해야 한다. 그렇지 않고 남이 깨달은 말은 그대로 받아들이기만 하면 얻는 것이 없다. 스스로 동기부여 하는 사람이 자기 삶을 살 수 있다.

임성훈 작가의 《살면서 꼭 한 번은 채근담》 속 문장이다. 마흔의 여자는 자신과 마주하는 시간이 필요하다. 고전을 읽으며 스스로 동기부여 하는 사람으로 살자. 남이 깨달은 말을 앵무새처럼 따라 하지 말고 자기 안의 목소리를 들으며 자신의 삶을 살자. 질문하고 정답을 찾아가는 과정에서 주저하고 미뤄두었던 진짜 하고 싶은 일을 즉시 시작할 수 있다. 내 삶의 주인이 되는 것이다.

나와 마주하기, 고전 읽기로 가능하다.

나를 휘감은 감정

"그만하자. 너는 애 키우는 기계로, 나는 돈 버는 기계로
살자."

"……."

한 가정을 이루고, 한 아이의 부모로 살아내는 일 그 자체
가 너무 힘겨운 때였다. 온종일 우는 소리를 들어야 하는 초
보 엄마는 하루 종일 아이를 안고 허둥지둥했고, 저녁때가
되면 초주검이 되었다. 남편의 퇴근이 반가우면서도 힘겨웠
다. 결혼하면서 직장을 옮긴 그에게도 여유가 없었기 때문이
다. 그는 거실에 들어서자마자 발에 채는 치우지 못한 기저
귀와 아이의 장난감 그리고 퀭한 아내의 얼굴을 보면서 더
지쳤을 것이다. 그런데 그때는 몰랐다. 서로가 너무 지친 마
음을 안고 살아내고 있다는 것을……. 그래서 더 뾰족한 말
들이 오갔다. 그 말은 화살이 되어 서로의 마음에 생채기를
냈다.

'난 최선을 다하고 있는데……. 어떻게 그런 말을 할 수 있지? 기계로 살자고? 행복하게 살고 싶어서 가정을 이루고 아이도 낳았는데……. 왜 이렇게 힘들지?'

힘든 마음을 알아 달라는 푸념 섞인 말이었지만 내 머릿속에서는 상처가 된 그 문장만 계속 반복되었다. 한 번 떠올릴 때마다 한 번 더 깊은 절망감을 느꼈다. 아무것도 할 수가 없었다. 눈물은 계속 흐르고, 울고 있는 아이에게 손을 뻗을 힘도 없었다. 우는 아이 곁에서 함께 우는 것이 전부였다. 내가 끌어안고 있던 그 감정은 내 존재를 휘감았다. 절망감이 곧 나였다.

부정적인 감정은 또 다른 부정적인 감정을 끌고 왔다. 그렇게 하루 종일 울면서 보낸 하루는 식욕도 없었다. 먹지 않고 울다 지쳐 잠든 후 아이 곁에서 깨어났을 때, 창밖을 내다보는 것도 두려웠다. 창문을 활짝 열어 새 공기를 마시고 싶은데, 힘이 없었다. 절망감이 끌어당긴 우울함으로 또 하루를 보냈다.

어린 시절 읽었던 어니스트 헤밍웨이의 《노인과 바다》는 그저 한 노인의 이야기처럼 느껴졌다. 하지만 마흔이 되어 다시 읽은 그 책은 전혀 다르게 다가왔다. 고통은 통제할 수 있는 것이며, 나는 패배하기 위해 태어난 것이 아니라는 깨달음이 깊이 스며들었다. 그리고 노인이 배에 앉아 있는 작은 새를 보며 "잘 쉬고 나서 날아가, 너의 운명을 개척하면서 살아"라고 말하는 장면은 마음을 울렸다. 마치 헤밍웨이가 주인공인 노인을 통해 나를 응원하는 것 같았다.

감정이 나를 부여잡고 고통스럽게 만든다고 생각한 것이 잘못이다. 감정은 내가 통제할 수 있는 것이었다. 감정이 무엇이기에 나를 이렇게 흔들고, 무기력하게 하며, 고통스럽게 하는 것일까?

감정은 어떤 상황을 맞이했을 때, 자연스럽게 나타나고 사라진다. 감정이 무엇인지 궁금하다면, 디즈니의 애니메이션 〈인사이드 아웃〉을 보면 어떨까? 주인공 에일리가 태어나면서 함께 태어난 다양한 감정 캐릭터들을 통해 감정의 역할을 쉽게 알 수 있기 때문이다.

에일리의 머릿속에는 소심이, 까칠이, 버럭이, 기쁨이 그리고 슬픔이가 산다. 소심이는 에일리가 장난감을 끌고 전선을 통과하려고 할 때, 천천히 지나갈 수 있도록 한다. 소심이 덕분에 에일리는 안전할 수 있었다. 까칠이는 아빠가 보여주는 브로콜리를 경계한다. 이전에 본 적 없는 새로운 자극이기 때문이다. 에일리의 까칠이는 자신만의 기준을 가지고 세상을 구별하는 힘을 보여준다. 버럭이는 순식간에 불같이 솟아오르는 캐릭터다. 에일리가 불공정한 대우를 받을 때 부당함을 외치며 에일리를 지켜준다. 기쁨이는 우리가 잘 알고 있는 긍정의 아이콘이다. 세상을 향해 환하게 웃게 한다. 마지막으로 푸른 빛이 찬란한 슬픔이가 있다.

슬픔이는 눈물로 모든 것을 표현하는 캐릭터다. 슬픔이는 왜 있는 것일까? 애니메이션을 보고 나면 그 슬픔의 시간을 통해 에일리가 성찰하고 성큼 성장하는 것을 알 수 있다. 이렇듯 〈인사인드 아웃〉 속 모든 감정은 에일리의 삶에 꼭 필요하다는 것을 보여준다.

감정은 좋고 나쁜 것이 아니었다. 그 순간을 알아차리고 다음 행동을 선택할 수 있게 해주는 길잡이였다. 감정 그 자체가 나라고 착각하고 있었기에 어떤 행동도 하지 않고 머물러 있었다. 하지만 이젠 그럴 필요가 없다. 감정의 선택권이 나에게 있다고 생각하니 든든했다. 당신이 짜증을 낸 것이 아니다. 당신의 마음이 짜증을 낸 것이다. 그것은 완전히 자동적이고, 완벽하게 무의식적인 반응이라는 에크하르트 톨레의 말을 기억하자.

내가 선택하는 감정

"당신이 나한테 스트레스를 주고 있어. 나는 당신한테 스트레스 주지 않아. 내 말이 맞지?"

'아! 그렇구나…….'

일상이 갈등의 연속이다. 나와 다른 눈으로 세상을 보고 나와 다른 가치관으로 일상을 살아내는 사람과 한집에 산다는 것이 기적이다. 부부의 삶에 아이들이 하나둘 태어나고 나면 또 다른 가치관이 부딪친다. 각자의 서로 다른 생각들이 오고 가며 '정말 나와 다른 존재구나'라는 것을 하루에도 몇 번씩 느낀다.

고전을 읽기 전에는 상대방의 공격적인 말을 들으면 말문이 막히고 눈물부터 흘렸다. 하지만 이제는 멈춰서 내 감정을 살핀다. 감정을 쫓아내고, 외면하고, 회피하고, 분리하려고 하지 않는다. 감정은 내가 아니라는 것을 알기 때문이다. 내가 감정의 주인으로 행동한다.

'음……. 불편하다. 또 뾰족한 말을 쏟아내는구나. 내가 상처를 받고 있다는 것을 모르는구나. 엄청 스트레스를 받고 있나 보다. 지금 나는 어떻게 하면 좋을까?'

그와 마주하고 있던 공간에서 벗어났다. 그리고 거실의 내 책상에 자리를 잡았다. 나의 안전지대에서 손에 잡히는 고전을 펼치고 그저 읽었다. 그렇게 불편한 감정에서 나를 돌볼 수 있는 방법을 찾았다.

내가 손을 뻗어 펼쳤던 책은《내가 알고 있는 걸 당신도 알게 된다면》이었다. 칼 필레머가 지은 이 책은 '전 세계가 주목한 코넬대학교의 인류 유산 프로젝트'라는 부제를 달고 있다. 책을 읽다 보니 결혼은 그 자체로도 충분히 어려운 일이었고, 서로 다른 가치관을 가진 두 사람이 만들어가는 결혼 생활 중의 갈등은 당연했다. 소리 없이 고개를 끄덕이고 있었다. 나만 이렇게 힘든 것이 아니라는 사실에 위로가 되었다.

감정은 내가 아니다. 나는 관찰자이며 목격자다. 마흔, 엄마로 배우자로 사회인으로 인생의 풍랑에 흔들리며, 온갖 부정적 감정으로 하루하루가 힘든 여자에게 고전을 권한다. 하루 단 한 문장이어도 괜찮다. 내 일상에서 내가 나를 위해 선택하는 그 일이 나를 살린다. 인생에는 수많은 고통이 존재하지만 그 고통에 매몰되지 말고, 누구든 즐겁게 사는 방법을 선택해야 한다는 칼 필레머의 말을 다시 떠올린다.

마흔, 지금부터는 감정의 주인으로 살자.

경력 단절 여성으로 작아진 마음

"이 나이에 도서관에 지원하셨네요? 아직 할 수 있는 일이
많으실 것 같은데?"

"예? 예……."

두 시간을 기다려 만난 면접관의 첫인사였다. 당황한 나는
눈만 동그랗게 뜨고 아무 말도 할 수 없었다.

'이 나이에는 도서관에 지원하면 안 되는 건가? 이 질문은
무슨 뜻이지?'

고개를 갸우뚱거리며 이유를 찾느라 면접관의 다음 질문
이 뭐였는지 기억도 나지 않는다. 낯선 장소에서 낯선 사람
들과 긴 시간을 보내고 겨우 마주한 질문치고는 너무 어이가
없었다.

– 면접 결과는 불합격입니다. 지원해 주셔서 감사합니다.

예상한 그대로였다. 수업 내용에 관한 호기심이 전혀 생기
지 않았던 면접 시간을 떠올리자, 이번엔 화가 치밀어 올랐

다. 세상이 정해놓은 기준에 내가 맞추어야 하는 상황에 짜증도 났다. 하지만 아이를 낳고 키우느라 경력이 단절된 상황에서 아이를 키우며 일할 수 있는 기관을 찾기는 쉽지 않았다.

한 기사에 따르면('경력 단절 여성 121만 5천 명…30대 후반은 4명 중 1명꼴', 한겨레 신문, 2024년 11월 19일, 최하얀 기자) 경력 단절 여성의 수와 비율 모두 기혼·출산 여성의 경제 활동에 대한 인식 변화, 일·가정 양립 지원 정책 확대 등을 배경으로 꾸준히 줄고 있다고 한다. 또한 2019년 기준 경력 단절 여성은 169만 9천 명으로, 5년 사이 48만 4천 명 감소했고 같은 기간 기혼 여성 중 경력 단절 여성이 차지하는 비율도 22.2%에서 15.9%로 하락했다.

세상은 서서히 바뀌고 있었지만 나는 이미 경력이 단절된 상태였다. 하지만 아이도 잘 키우고, 사회인으로서 내 경력도 이어가고 싶었다. 처음에는 그저 우리 아이를 책 읽는 아이로 잘 키우고 싶은 마음에서 시작한 독서 지도였다. 도서관에서 만난 강사님은 '그림책으로 시작하는 독서 지도법'을 차분히 가르쳐주셨다. 강사님이 알려주는 대로 그림책을 읽고, 아이와 소통하면서 너무 즐거웠다. 또 도서관에서 학부모들에게 독서 지도법을 가르쳐주는 강사님을 보면서 새 꿈이 생겼다.

"저도 강사님처럼 독서 지도 강사가 되고 싶어요."

내 아이를 잘 키우기 위해 시작한 공부였지만, 이젠 내 꿈을 키우는 경로가 되었다. 그래서 자격 과정을 찾아 공부했고 열심히 기록하며 하나하나 필요한 역량을 쌓았다. 아이와 책으로 소통하는 것을 배우는 것은 어렵지 않았다. 하지만 내가 도서관의 프로그램 강사가 되는 것은 생각처럼 쉽지 않았다. 그래도 포기하기 싫었다.

서머싯 몸의 《달과 6펜스》에서 주인공 스트릭랜드는 어딘지 모르게 좀 더 위험스럽게 살아보고 싶은 욕망이 있는 남자로 묘사된다. 남의 의견 따위는 전혀 문제 삼지 않는 인물이다. 그는 사십이 되었을 때, 그림을 그리기 위해 가출했다. 스트릭랜드는 결혼하고 가정을 이룬 가장이었다. 그런데 어릴 적부터 되고 싶었던 화가가 되기 위해 모든 것을 버려두고 오롯이 그림만 그릴 수 있는 파리로 떠난 것이다. '더 늦기 전에 빨리 시작해야 했소'라는 말을 하면서.

마흔에는 뭔가를 시작하는 것이 잘못된 일이라고 여겼던 시대였다. 하지만 스트릭랜드는 고정관념을 깨고 자신의 꿈을 향해 도전했다. 세상의 말이 아니라 자기 안의 목소리를 듣고 과감하게 움직인 것이다. 오롯이 자신을 위한 선택이었다.

고전 소설 《달과 6펜스》에서 경력 단절로 마음이 작아진 나를 응원할 문장을 찾았다. 덕분에 포기하지 않고 꾸준히 도전하려는 힘이 생겼다. 나의 무모한 도전은 계속되었다. 그리고 다음 해, 도서관의 그림책 놀이 선생님이 되었다. 마흔, 사회에 다시 발을 들여놓기 시작했다. 작은 성공이었다. 포기하지 않고 계속할 수 있었던 것은 나를 응원했던 고전 속 문장이 있었기 때문이다.

계속되는 실패로 작아진 마음

– 안타깝게도 이번에는 함께하지 못하게 되었습니다.
녹색 창의 인플루언서 신청 후 열 번째 탈락 소식에 한숨을 크게 쉬었다. 2022년 10월부터 꾸준히 그림책을 소개하고, 고전과 더불어 다양한 도서를 읽고 글을 작성했다. 사진 한 장, 문장 하나에도 신경을 써서 고르고 썼다. 많은 분에게 좋은 도서 정보를 주고 싶었고, 더불어 나의 온라인 공간도 소통의 장으로 멋지게 키우고 싶어 시작한 일이었다. 하지만 해를 넘기고 2023년 7월의 열 번째 도전도 결국 실패였다.
'주제 선정이 잘못된 것일까?'
'주제와 글의 방향이 맞지 않는 것일까?'
'언제까지 계속해야 하지?'

자꾸만 거절당하니 속상했다. 똑같은 형식의 거절 메일을 열 번째 읽고 있어도 원인을 찾지 못하고 있는 상황이 답답했다. 이제는 처음에 어떤 마음으로 시작했는지도 잊어버릴 지경이었다. 당연히 글을 쓰는 것이 재미있지 않았다. 하루한 편, 의무 사항이 된 글쓰기는 숙제가 되어버린 것이다. 열번째 거절 메시지를 읽으며 나는 멈추었다.

아니타 무르자니는 《나로 살아가는 기쁨》에서 인간은 스스로 존재함을 증명할 필요가 없고, 그 무엇이 되어야 할 필요도 없다고 했다. 이 책은 2022년 6월을 보내며 매일 읽고 쓰던 도서였다. '뭔가 잘못되고 있구나!'라고 생각한 것은 이때쯤부터였던 것 같다. 읽고 쓰는 것의 내용과 실제 내 생활이 점점 멀어지니 당연히 힘들었다. 머리와 마음이 따로 노는 것 같았다.

한 달 동안 천천히 이 책을 다 읽었을 때 알았다. 나는 증명하거나 성취할 필요가 없는 존재였다. 스트레스를 받는다는 것을 알고 있으면서도 그 일을 계속하는 것은 나를 사랑하는 일이 아니었다. 내 안의 목소리는 '먼저 자신을 사랑해야 한다'고 꾸준히 이야기하는데 외면한 것은 다름 아닌 나였다. 내면의 목소리를 외면하면서 내 마음은 점점 더 작아졌다. 작아진 마음으로 마주하는 일상은 그 자체로 고통이었다. 작은 실수에도 쉽게 짜증을 내고 더 쉽게 분노했다. 결국 나는 도전을 멈추었다.

　계속되는 실패로 작아진 마음에 나는 나에게 고전 소설 《달과 6펜스》의 한 문장을 선물했다. 창작의 기쁨을 느끼고, 가슴속에 담긴 생각을 글로 풀어내는 것 자체가 가장 중요한 일이며, 그 외의 것에는 흔들릴 필요가 없다는 깨달음은 마치 한 문장이 건넨 따뜻한 위로이자 용서의 손길처럼 다가왔다. 작가는 남들의 평가에 휘둘리지 않고, 자기 생각을 쓰는 일 자체를 보람으로 여겨야 한다. 보여주는 글이 아니라 내 글에 진심을 담는 것이 먼저였다. 그것이 바로 내가 나를 사랑하는 일이다.

　지금 하고 싶은 일을 시작하지 못해서, 되고 싶은 것에서 자꾸만 멀어져서 마음이 작아진 마흔의 당신에게 고전을 권한다. 고전을 읽으면 진짜 자신이 하고 싶은 일이 무엇인지가 명확해진다. 고전을 읽으면 내가 되고 싶은 그 무엇이 나와 맞는 것인지 판단할 힘이 생긴다. 작아진 마음이 조금씩 커진다.

　마흔, 여자라면 고전을 펼치자.

죽음과 마주하는 고전 읽기

죽음을 떠올리면 두렵다. 내 주변의 사람들과 한꺼번에 이별한다고 생각하면 공포가 엄습한다. 마흔의 여자에게는 보듬어야 할 사람이 많기 때문이다. 자기 유전자를 나눈 자녀, 부모 그리고 자기 자신까지…….

'죽음이 두려운 것은 죽음이 낯설어서가 아닐까?'

마르쿠스 아우렐리우스는 《명상록》에서 죽음이 늘 우리 가까이에 있다고 했다. 고전은 죽음을 언급한다. 죽음을 마주하게 한다. 자꾸만 죽음을 떠올리게 하고, 상상하게 한다. 처음에는 '죽음'이라는 단어가 싫었다. 눈으로 보기도 싫어서 손가락으로 가리기도 했다. 하지만 그럴수록 더 선명하게 읽혔다. 죽음은 그렇게 고전에 자연스럽게 자리 잡고 있다. 나는 그렇게 고전을 펼칠 때마다 죽음을 마주했다. 그리고 자주 읽을수록 조금씩 익숙해졌다. 게다가 죽음과 마주할수록 삶에 대해 질문이 떠올랐다.

'내가 지금 당장 죽을 수도 있는데 후회하는 것은 없을까?'

'하고 싶은 것을 더 미뤄도 될까?'

'오늘 아침, 등교하는 아이들에게 사랑한다고 말했나?'

죽음을 언급한다는 것은 오늘의 삶을 기꺼이 살아내겠다는 다짐이다. 죽음을 마주한다는 것은 하루의 시간을 자주적으로 선택하겠다는 의지다. 죽음을 떠올린다는 것은 가장 사랑하는 사람들에게 진심으로 사랑을 전해야겠다는 다짐이었다.

두렵고, 공포 그 자체였던 죽음이라는 단어가 더 이상 무섭지 않다. 아니 고맙다. 하루하루 죽음에 다가간다는 것을 알게 되니, 오늘의 하루가 너무 소중하기 때문이다. 이 하루를 어떻게 살아야 할지 정답을 찾을 수 있다. 고전 속 죽음은 내 하루의 길잡이다.

《고민하는 힘》의 저자 강상중은 독자들에게 살아 있다는 것에 진심으로 감사하고, 살아 있음에 기쁨을 느끼는지 질문한다. 지금 당신은 어떤가? 나는 죽음을 떠올리고 나니, 지금 살아 있다는 것이 감사했다. 이생에서 아무것도 할 수 없는, 꼼짝없이 죽음에 다가서고 있지만, 나는 지금 분명 살아 있었다. 숨을 쉬고 나의 오늘을 살 수 있어서 기뻤다. 무엇을 해내지 않아도, 누군가의 멋들어진 평가를 받지 않아도 그저 내가 살아 있다는 것만으로도 충분했다. 무엇이든 내가 원하는 대로 할 수 있다는 사실만으로 벅찼다. 죽음과 친해지니 삶이 충만해졌다.

늙어 가는 것과 마주하는 고전 읽기

또한 그는 이 책에서 나이 듦을 이야기한다. 노인은 젊은 이들이 가질 수 없는 분별력과 원숙한 지혜를 갖고 있다. 늙어가는 것은 성장한다는 것이고, 원숙해지는 것이라고 말이다.

한 해가 시작되면 푸념 섞인 인사말이 오간다. '또 한 살을 먹었네요. 점점 시간이 빨리 흐르는 것 같아요. 해 놓은 것도 없는데 시간은 잘만 갑니다'라고. 인사말을 주고받으면서 늙어가는 것을 한탄한다. 늙어 가는 것은 죽음만큼이나 자연스러운 변화다. 하지만 현재를 사는 마흔의 여자는 늙어 가는 것이 두렵다.

TV 속 홈쇼핑 채널에서는 오늘도 각종 기능성 화장품 광고가 한창이다. 쇼 호스트가 직접 보여주는 before & after 장면을 보고 있으면 마술을 보는 듯하다. 주름, 기미, 주근깨도 한순간에 사라진다. 어느새 손은 스마트폰의 쇼핑 앱을 열고 있다. 늙어 가는 것이 죄악으로 느껴질 정도다.

"엄마, 열 살로 돌아가서 다시 살고 싶으세요, 아니면 백 살 넘게 살고 싶으세요?"

"열 살로 돌아가는 건 선택하고 싶지 않아. 다시 10대, 20대, 30대를 또 불안하게 살고 싶지 않거든."

아이는 고개를 갸우뚱거렸다. 엄마의 말이 무슨 뜻인지 모르겠다는 표정이다. 나는 빙그레 웃으며 나의 과거를 떠올려 보았다. 10대는 선생님이 시켜서 하는 공부를 해내느라 힘들었다. 시험을 볼 때마다 등급이 매겨지는 상황이 반복되었고 늘 경쟁의 연속이었다. 20대는 선택해야 할 것이 너무 많아서 힘들었다. 대학의 전공과목을 정하는 것이 어려웠고, 어떤 직업을 선택해야 하는지도 의문이었다. 휩쓸리듯 들어간 소규모 학원에서는 교육자가 아니라 학생 수에 따른 수익만을 중시하는 가짜 어른을 만나 헷갈리기도 했다. 30대는 다시 초보였다. 난생처음 엄마가 되느라 실수투성이였다. 덕분에 자존감은 바닥이었다. 남들이 정한 좋은 엄마의 틀에 나를 맞추느라 매일 좌절했기 때문이다.

그리고 마흔살이를 하는 나를 바라보았다. 지금 역시 흔들린다. 하지만 불안하고 두려울 때마다 고전을 펼치며 나이 들어가는 것에 친숙해지고 있다. 그저 나이만 먹는 것이 아니라 진짜 어른으로 성숙해지기 위해 무엇을 해야 하는지 질문하고 찾아 나서는 중이다. 막연한 불안과 걱정으로 시간을 보내는 것이 아니라 내 문제를 마주하고 해결하면서 지혜를 쌓는 것이다. 그렇게 익어가는 것을 준비하는 마흔으로 산다.

순수한 금과 아름다운 옥과 같은 인품을 만들기 원한다면 뜨거운 불 속에서 단련되어야 한다.

《살면서 꼭 한 번은 채근담》의 한 문장이다. 저자 임성훈은 이 문장을 '인격이 성숙하여야 어른이다. 고난과 시련 없이 성숙해지는 법은 없다. 나약한 감정을 이기려면 정신을 단련하는 과정이 필요하다'라고 해설했다. 늙어 가는 것은 인격이 성숙되는 과정이다. 고난과 시련을 회피하지 않고 불편한 감정을 마주하면 진짜 어른이 된다. 불편한 감정 속에 욕구가 숨어 있고, 충족되지 못한 욕구를 건강하게 채워갈수록 인격이 성숙하기 때문이다.

한용운 저자의 《한용운의 채근담 강의》에 의하면 문제가 없을 때도 유사시처럼 항상 준비하면 뜻밖의 일을 막을 수 있다. 매일 늙어 가는 것은 뜻밖의 사태가 아니다. 내 앞의 상황은 이제 파악되었으니 침착하게 준비하면 된다. 고전을 읽으며 질문하고 나만의 답을 찾으면서 오늘을 살자.

'오늘 내가 진짜 하고 싶은 것은 무엇일까?'

'내가 외면하고 있는 욕구가 무엇이기에 이렇게 불편할까?'

'오늘만큼 늙어 가는 나에게 무엇을 해주면 좋을까?'

마흔, 고전을 읽으며 불편한 감정과 마주하자. 그러면 두렵기만 했던 죽음과 친해지고, 그저 늙어 가는 것에 나만의 의미가 더해진다. 죽음을 떠올리면 오늘의 삶을 더없이 기쁘게 살 수 있다. 하루만큼 늙어 가는 것에서 진짜 성숙해지는 방법을 배울 수 있다. 그만 두려워하자. 그 시간에 내가 나를 사랑하는 마음을 담아 고전을 읽자.

나에게 알맞게 비워내는 고전 읽기

새벽 5시, 스마트폰의 알람을 끄고 책상 앞에 앉으면 가장
먼저 초를 켠다. 몇 번의 들숨과 날숨으로 숨 고르기를 하며
흔들리는 촛불을 가만히 바라본다. 아무 생각 없이 머무르는
시간이 좋다. 조금 느긋하게, 더 여유롭게 하루를 시작할 수
있어 감사하다.

고요한 새벽 시간, 고전을 펼쳐 읽는다. 오늘은 어떤 문장
이 나에게 다가올지 기대하며 한 장 한 장 책장을 천천히 넘
긴다. 펜을 들고 밑줄도 그어본다. 정답은 없다. 내 마음에 드
는 문장이면 된다. 질문을 떠오르게 하는 문장일 때도 있다.
그때는 책 여백에 떠오르는 질문을 적고, 나만의 정답을 적
어보기도 한다. 고전에 오롯이 집중하는 시간이 평온하다.

노자는 《도덕경》에서 득도한 선비의 모습을 '도를 보전하
려 하는 자'로 설명했다. 도를 보전하려는 자는 채워지기를

바라지 않고, 새롭게 보이려고도 하지 않으며 억지로 새것을 만들려고 하지도 않는다고 이야기한다.

하루가 다르게 변화하는 세상 속에서 속도를 맞춰 가려니 배워야 할 것이 많다. 부모 교육도 트렌드에 맞춰 들어야 하고, 평생학습 기관의 교양강좌도 등록한다. 수업에 연관된 워크숍에 참여하는 것은 일상이다. 강의를 들으며 열심히 작성해 온 필기 내용을 보다가 문득 '이 내용 중에서 내가 실천할 수 있는 것이 몇 개나 있을까?'라는 생각이 들었다. 그저 교육을 듣는다는 것에 의미를 두고 채우기에 급급한 내 모습이 보였기 때문이다.

무조건 채우기만 하는 것은 소용이 없다. 꼭 필요한 것을 선택하고, 채웠다면 나에게 맞게 활용하면서 비워내야 하는 시간도 필요하다. 고전을 읽는 시간은 내 안에 채워진 것을 비워내는 시간이었다. 고전을 읽고 필사하면서 나에게 필요한 교육 내용을 정리했다. 내 생각을 적으면서 내 삶에 적용할 수 있는 것을 기록했다. 덕분에 사춘기 자녀를 둔 부모로서 실천해야 할 것들이 떠올랐고, 새로운 강의계획안의 내용도 작성할 수 있었다. 비워내면서 나에게 알맞게 적용했다.

《도덕경》에는 우리가 익히 알고 있는 사자성어, 대기만성(大器晩成)을 떠올리게 하는 문장도 있다. 때로는 조급한 마음에 당장 결과를 원할 때가 있지만, 노자의 말처럼 지금은 날지 않지만, 한 번 날면 하늘을 가를 것이다. 지금은 울지 않지만, 한 번 울면 세상을 놀라게 할 것이다. 결국 준비의 시간은 헛되지 않으며, 그 시간이 쌓일수록 더 크고 단단한 존재가 될 수 있음을 느꼈다.

마흔, 아이만 키우다가 나도 성장하고 싶었다. 남들이 좋다고 추천한 책을 닥치는 대로 읽어내고, 자격 과정을 통해 배운 것을 펼칠 수만 있다면 어디든 달려갔다. 책의 제목을 적어둔 목록이 차곡차곡 쌓여가고, 재능기부 수업의 피드백은 나쁘지 않았다. 하지만 시간이 흐를수록 성장한다는 느낌이 아니라 조급함만 느껴졌다. '지금의 이 속도가 맞는 것일까?'라는 의문이 들었을 때, 고전을 읽으며 답을 찾았다.

책은 닥치는 대로 읽는 것보다 좋은 책을 천천히 읽고 쓰면서 성찰하는 시간을 갖는 것이 더 중요했다. 그렇게 나에게 알맞은 방향을 찾게 되면 내가 서 있어야 할 자리도 선택할 수 있었다. 노자가 언급한 것처럼 꾸준히 계속하면 되는 것이다. 100℃가 되어야 끓어오르는 물처럼 조급함을 내려두고 평안한 마음으로 꾸준히 성실하게.

술렁대지 말고 고요해지기

2020년 3월부터 시작한 고전 읽기였다. 지금까지 꾸준히 읽고 썼다. 왜냐하면 나는 내가 약한 것을 알기 때문이다. 느긋하고 평안한 마음을 유지하고 싶지만 불안하고 조급해지는 것은 순간이었다.

– 엄마, 언제 오세요? 너무 아파요!

아이의 전화 한 통이면 평안함은 깨졌다. 심장은 두근거리고 핸들을 잡은 두 손은 조금씩 땀이 나기 시작한다. 호흡하면서 천천히 집 안의 약상자를 떠올리지만 지금 필요한 약의 이름이 무엇인지도 떠오르지 않는다. 아이의 고통스러운 목소리가 전화기를 타고 계속 들리면 그마저도 쉽지 않다.

'아! 이렇게 한순간에 무너지는 게 나라는 사람이구나!'

또 한 번 실감한다. 하지만 그 순간 돌봐야 하는 것은 아이가 아니라 나라는 것을 깨달았다. 내가 정신 차려야 아이 곁에 온전히 도착하고, 그래야 아이를 돌볼 수 있기 때문이다. 아이의 신음이 들리는 전화를 끊고, 아침에 읽었던 고전의 한 문장을 떠올렸다.

무릇 변란이 있으면 놀라서 술렁대지 말고 고요히 그 귀추를 생각하고 그 변화에 따라 대응해야 한다.

73

오늘의 고전은 정약용의 《목민심서》였다. 문제가 생겨 평안이 깨졌을 때, 고요해지는 것이 먼저였다. 술렁거리는 마음과 생각을 천천히 가라앉히고, 지금 내가 할 수 있는 일 그리고 해야 할 일을 떠올리는 것이 중요했다. 호흡하며 고요해진 후 아이에게 전화했다.

– 엄마가 지금 이동해서 가고 있어. 10분 안에 도착할 거야. 약 찾기 힘들 정도로 아프면 우선 침대에 엎드려 있어. 전기장판은 켤 수 있겠어?

– 예……. 지금 누워있어요. 엄마, 빨리 오세요.

엄마의 차분한 목소리를 들으며 아이의 대답도 한결 누그러졌다. 아이의 고통스러운 아픔은 계속되고 있었지만 10분 이내로 도착한다는 내 이야기를 듣고 나서 예측 가능해진 상황에 훨씬 마음을 놓는 듯했다.

집으로 이동하는 10분의 시간이 그렇게 길 수 없었다. 사거리에 들어설 때마다 켜지는 빨간불이 원망스러웠다. 하지만 나는 '술렁대지 말고, 고요히'라는 말을 반복하며 안전하게 집까지 도착했다. 아이 곁에 온전히 도착하는 첫 번째 미션은 성공이었다.

– 엄마, 배가 너무 많이 아파요. 여기도 아프고, 여기도 불편해요.

외출복을 벗기도 전에 아이 방으로 들어가 상황을 살폈다.

아이는 엎드려서 겨우 말을 이어갔다. 아이는 여기저기 불편한 곳을 말하면서 점점 울음 섞인 목소리로 이야기했다. 고통스러워하는 아이를 보면서 걱정되고 화도 났다. 늦은 시각에 과자와 음료를 먹지 말라는 내 말을 듣지 않았기 때문이다. 속상했다.

《목민심서》에 의하면 어진 수령은 달려와 호소하는 백성에게 부모의 집에 들어오는 것처럼 맞이해야 한다. 내 말을 듣지 않고 군것질을 해서 반복적으로 복통을 호소하는 아이가 미웠지만 우선 울먹이는 아이를 달래야 했다. 그리고 편안하게 해주는 것이 먼저였다. 나는 배를 부여잡고 웅크리고 누워있는 아이를 일으켜 매실액을 먹이고 침대에 눕혀서 배를 천천히 문질러주었다. 아이의 웅크린 몸이 점점 편안해졌다. 이내 내 감정도 평안을 찾아갔다.

마흔, 여자의 일상은 파란만장하다. 하루 종일 평안을 유지하는 것은 하늘의 별 따기만큼 어렵다. 하지만 고전은 출렁일 때마다 고요해지는 것이 먼저라는 것을 알려준다. 상황이 다급하게 몰아칠 때, 나를 먼저 돌봐야 한다고 말한다. 그래야 내 주변의 사람들도 끌어안을 수 있기 때문이다.

고전을 읽으면 편안한 감정을 유지할 수 있다. 흔들리고 출렁여도 다시 고요해지면 된다. 그 출렁거리는 시간을 단축

하는 것이 관건이다. 꾸준히 고전을 읽으니 가능하다. 시작하면 할 수 있다. 나 자신과 우리를 위해서 고전 읽기를 시작해 보면 어떨까?

엄마 품 같은 고전

"얘들아, 엄마 왔다!"

현관을 들어서며 아이들을 찾았다. 평소 같으면 현관으로 달려 나왔을 딸아이의 모습이 보이지 않았다. 두리번거리며 아이를 찾고 있을 때, 천천히 작은방의 문이 열리고 딸이 나와 겨우 인사를 했다.

"다녀오셨어요……."

목소리에 힘이 하나도 없었다. 방으로 스치듯 들어가는 아이의 옆모습에서 눈가에 맺힌 눈물방울을 보았다. 무슨 일이 있었다는 걸 금세 알아차릴 수 있었다. 나는 아이를 가만히 불렀다.

"조금 전에 학습지 선생님과 통화했지? 무슨 일 있었어?"

아이는 아무 말 없이 내 품에 파고들었다. 그리고 흐느껴 울기 시작했다. 참았던 울음이 터지면서 어깨까지 들썩거렸다. 나는 아이를 품에 안고 그저 등을 쓸기만 했다. 울음이 잦아들 때까지 기다렸다. '아이에게 품을 내어줄 수 있어서 다행이다'라는 생각을 하면서. 한참을 울고 난 아이는 선생님의 질문에 대답하지 못해서 너무 속상했다고 이야기했다. 잘하고 싶은 마음이 컸는데 제대로 대답하지 못해서 창피했다는 것이다.

"선생님과 통화하기 전에 조금 더 준비해야겠어요."

아이는 이미 정답을 알고 있었다. 속상하고 창피한 마음에 터져버린 울음을 실컷 울 수 있도록 품을 내어준 덕분이었다. 아이 곁에서 꼭 껴안고 기다려줄 수 있어서 감사했다.

아이 곁에는 엄마가 있다. 아이가 힘들어할 때는 엄마가 껴안아 주면 된다. 그러면 엄마가 힘들 때는 어떻게 하면 좋을까? 엄마에게도 엄마가 있지만, 항상 곁에 머무르고 계신 것은 아니다. 마흔의 여자가 된 엄마는 힘들 때마다 자신의 엄마를 찾아갈 수도 없다. 하지만 내 곁에는 힘겨울 때 나를 껴안아 주는 고전이 있다.

볼테르는 《캉디드 혹은 낙관주의》의 저자다. 그는 18세기 계몽주의를 대표하는 철학자이자 시인, 비평가, 역사가로 다재다능한 작가다. 볼테르는 자신의 철학을 대중에게 쉽게 전달하고자 '철학적 콩트'라는 분야를 창조하고 대표작으로 이 책을 썼다. 콩트 형식을 빌려 우회적으로 사회를 비판하는 이 작품에는 볼테르 특유의 아이러니가 잘 드러나 있다.

이 책에서 유대인 돈 이사샤르 집의 하녀는 아가씨에게 이런 말을 한다. '자신이 이 세상에서 제일 불행한 사람이라고 생각해 보지 않은 사람이 단 한 명이라도 있다면, 나를 바다에 거꾸로 처넣으세요'라고. 힘들지 않은 인생은 없다. 내 삶을 살아내는 것은 나 자신이다. 절대 누가 대신 살아주지 않는다. 게다가 내 삶은 나만 경험할 수 있다. 그러니 내 삶의 경험은 오롯이 내 몫이다. 힘든 것도 아픈 것도 불행한 것도 다 내가 느끼고 있다. 고전 문장에서처럼 내가 이 세상에서 가장 불행하다고 느낄 수 있다. 그런 사람들이 모여 있는 것이 이 생애다. 나만 그렇게 느끼는 게 아니라는 생각이 드니 막혔던 숨이 트이는 느낌이다. 고전의 한 문장이 나를 껴안고, 내 등을 쓸어준다.

일과에서 떨어져 쉬어 가는 시간

하루의 일과가 정신없이 몰아친다. 남편의 출근과 아이들의 등교를 완료하고 나면 집안일이 나를 기다린다. 세탁기에 빨랫감을 넣고, 앞치마를 챙겨 입고 싱크대 앞에 선다. 산더미 같은 설거지를 마치고 나면 분리 배출해야 할 쓰레기들이 눈에 띈다. 두 팔을 걷어붙이고 쓰레기봉투와 한바탕 씨름을 마치고 나면 어느새 일하러 나갈 시간이다.

'후~ 커피 한 잔 마실 시간이 없구나!'

미리 준비해 둔 가방들을 주섬주섬 들고 신발을 신고 나서면서 이미 소진된 에너지를 끌어모은다. 분명히 아이들과 함께 아침 식사를 했건만 집안일 몇 가지를 해치우고 나니 체력이 바닥이다. 마흔, 쉽게 지치기 시작하는 나이라는 것을 실감한다. 이미 10년 넘게 반복된 일상이라 적응할 만도 한데 이제 적응의 문제가 아니라는 것을 알아차리고 있다.

일과를 마치고 돌아온 늦은 오후가 되면 마지막 남은 에너지까지 연소한 상태로 겨우 침대에 몸을 눕힌다. 대자로 누워서 멍하니 천장을 바라보기도 하고, 그대로 스르르 선잠을 자기도 한다. 30여 분의 시간이지만 일과에서 떨어져 쉬는 시간을 가지고 나면 한결 몸이 가벼워진다. 그러면 가족을 위한 저녁 식사를 기쁘게 준비할 힘이 생긴다.

'마음에도 쉬어 가는 시간이 필요하지 않을까?'

잠시 몸을 눕혀 쉬어 가는 시간을 갖고 나면 남은 일과를 훨씬 편하게 일궈 나갈 수 있다는 것을 알았다. '지쳐가는 몸을 챙기느라 마음의 이야기는 놓치고 있는 것은 아닌가?'라는 생각이 들었다. 아침부터 밤까지 바쁘게 일상을 살아내고 있는데, 내가 제대로 하루를 살고 있는지도 궁금했다. 누구도 정답을 이야기해 주지 않으니 내가 찾아야 했다. 고전은 내가 나만의 정답을 찾을 수 있도록 이끌어주었다.

《소크라테스 회상록》에서 소크라테스의 제자 크세노폰은 말한다. 훌륭한 지도자는 탁월한 지식이나 카리스마보다 부하들을 행복하게 만드는 능력을 갖춘 사람이라고. 이 말은 오늘을 사는 나에게도 깊은 울림을 준다.

'나는 우리 가정의 리더로 오늘 우리 가족들을 행복하게 만들어주었을까?'

하루를 바쁘게 살아가다 보면 힘들고 지친다. 체력적으로 한계를 느끼는 날이면 더 그렇다. 하지만 마음이 쉬어 가는 시간을 마련하고, 고전을 읽고 나면 마음가짐이 달라진다. 그저 내가 해야 하는 일이라 — 억지로 하는 것이 아니라 — 내가 우리 가족의 행복을 위해서 움직이고 있는 것이 된다. 그저 엄마라서 해야 하는 것이 아니라 나는 내 가정의 리더로서 내가 선택해서 행동하는 것이 된다. 반복되는 일과에도 뜻깊은 의미가 생기는 것이다. 그렇게 내 안에 정답이 생긴다.

고전은 나를 껴안고 토닥인다. 생을 살아가는 모두가 각자의 삶을 살아내느라 애쓰고 있으니, 혼자서만 너무 힘들어하지 말라고 말한다. 몸도 쉬어 가는 시간이 필요하고, 마음 역시도 일과에서 떨어져 휴식하는 시간이 필요하다고 이야기한다. 그저 읽은 대로 따라 살아가라는 것이 아니라 자기만의 정답을 찾아가면 된다고 격려한다. 고전의 토닥임으로 하루를 산다. 하루만큼의 힘만 있으면 된다. 또 다음 날 계속 읽어 나가면 되니 말이다.

그렇게 나는 50여 권의 고전을 읽고 썼다. 그리고 나를 껴안아 주는 고전이 곁에 있어 손을 뻗어 펼치기만 하면 된다는 것을 알았다. 내가 알게 된 것을 나누고 싶었다. 마흔의 여자들이 각자 자신을 데리고 살아가는 데 필요한 것은 고전의 한 문장이다. 고전을 읽으면 행복하게 하루를 살아낼 수 있다. 더 이상 머뭇거리지 않고 이 책을 통해 이야기한다. 나도 당신도, 덕을 보는 일이기 때문이다.

3장

고전 필사의 힘

'고전 읽기가 작가의 말처럼 쉬울까?'

'읽기도 어려운데 필사까지 가능할까?'

'나를 돌볼 방법이라고? 그런데 어떻게 시작해야 하지?'

이 책을 펼치고 2장까지 읽은 독자들은 이런 의문이 들 것이다. 나도 처음 시작하려고 할 때 너무 두려웠다. 먼저 시작하신 분들의 필사 글을 읽고 있으면 주눅이 들어서 더 망설였다. 그렇게 며칠의 시간을 보내고 다시 고민에 빠지곤 했다.

앙투안 드 생텍쥐페리는 《야간비행》에서 인생은 앞으로 나아가는 힘만 만들어내면 해결책은 뒤따라온다고 했다. 《어린 왕자》의 저자로 유명한 생텍쥐페리는 우편배달을 하는 비행사였다. 《야간비행》은 그의 경험을 바탕으로 쓴 소설이다. 소설을 읽으면 주인공이 우편물을 가득 실은 경비행기를 타고 폭풍 속으로 날아가는 장면이 연상되곤 했다. 약속된 시간을 맞춰야 하는 우편배달 비행기는 험한 날씨에도 무조건 비행해야 했다. 비행은 칠흑 같은 밤에도 멈추지 않았다.

나는 《야간비행》을 읽으며 마흔, 여자의 인생 같다는 생각이 들었다. 마흔 여자는 이정표도 보이지 않는 길을 끊임없이 달려가야 하는 상황이다. 아이들은 하루하루 성장하는데 내 아이에게 딱 맞는 답은 그 어디에도 없다. 아이가 크는 것을 바라보면서 나의 진로도 고민해야 한다. 날이 좋지 않다고, 날이 좋다고 미뤄둘 일이 아니다. 마흔의 여자는 아이와 함께 늙어 가고 있기 때문이다. 매일 두려운 마음을 안고 살아가는 것은 살얼음판이다. 당장 해결책이 없다는 것을 알았을 때, 나아가는 힘만 믿어보는 것은 어떨까? 조금 먼저 시작한 내가 '고전 필사는 이렇게 시작하면 된다'라고 이야기 해주고 싶다.

고전 필사 준비하기

필사란 베끼어 쓰는 것을 말한다. 베끼어 쓰는 것을 떠올렸을 때, 두 가지의 방법이 연상된다. 첫 번째는 노트에 펜으로 쓰는 것이고, 두 번째는 키보드 자판을 두드려 파일로 기록하는 것이다. 고전 필사는 첫 번째 방법을 추천한다. 노트에 펜으로 기록하면서 자연스럽게 몰입할 수 있기 때문이다. 그리고 필사의 기록이 차곡차곡 쌓이는 것도 확인할 수 있어서 좋다.

① 펜과 노트 준비

필사를 시작하려면 먼저 노트와 펜이 준비되어야 한다. 내가 나에게 선물하는 기분으로 노트와 펜을 준비한다. 바라보기만 해도 기분이 좋아지는 선물처럼 말이다.

우선, 펜은 만년필이 좋다. 쓱쓱 부드럽게 써 내려가는 맛을, 손을 통해 온몸으로 느낄 수 있다. 나는 시중에 나와 있는 제품 중에서 LAMY 만년필을 사용한다. 가격도 비교적 합리적이고 쓰기에 불편함이 없다. 너무 비싼 제품을 구입하면 오히려 부담스러워 사용하기 어렵기 때문이다. 촉은 F촉이상이면 된다. EF 촉은 너무 가늘어서 쓰기 불편하다. 오히려 F촉이나 더 두꺼운 B촉도 추천한다. 고전 필사를 이어가는 작가 중에는 B촉을 선호하는 분이 있는데 'B촉은 만족감이 높고 책에 바로 사인하기에도 좋다'는 말씀을 하셨다.

만년필은 잉크를 충전해서 사용한다. 잉크는 Blue black(검은색과 파란색을 섞은)이 좋다. 만년필과 잉크 브랜드는 일치해도 좋고, 다른 브랜드를 써도 문제는 없다. 일일이 잉크를 충전하는 것이 귀찮다면 일회용 잉크를 사용해도 된다. 하지만이 경우에는 같은 브랜드를 사용해야 한다. 예를 들어 LAMY 만년필을 쓴다면 LAMY에서 나온 잉크 카트리지를 구입한다.

노트는 종류가 정말 많다. 하지만 만년필을 사용한다면 잉크를 잘 받아서 흡수하고 뒷면에 번지지 않는 재질을 가진 노트가 좋다. 뒷장에 조금 비쳐도 상관없다면 Oxford 노트를 추천한다. 양쪽으로 완벽하게 펴져서 필사하기에 편리하기 때문이다. 노트는 일반 대학 노트 중에서 종이가 두꺼운 것으로 선택해서 구입해 보자. 예를 들어 PP커버 캠퍼스 스프링 노트 정도면 무난하다.

② 고전 필사 시간 정하기

율곡 이이의 《격몽요결》에서는 뜻을 확고히 세우고 행실을 바르게 하는 일은 모두 자기 자신에게 달려 있다고 한다. 이이는 처음 공부를 시작하는 학생이나 이미 학문을 다져온 사람들도 초심으로 돌아가 뜻을 바로 세우고 마음을 가다듬어야 한다는 메시지를 전한다. 나를 위한 시간을 마련해야겠다는 생각이 들었다면, 뜻을 세우는 것이 중요하다. 이는 실천 가능해야 한다. 내 일상 리듬에 맞아야 한다는 것이다. 아침에 조금 일찍 일어나는 것이 쉬운 사람이라면 기상 시간을 조절해 30분 일찍 일어나면 된다. 또는 저녁이나 밤이 더 집중하기 좋은 사람은 그 시간을 선택하면 된다. 단, 고전 필사 시간을 한 문장으로 명확하게 기록해 두자.

'나는 6시에 일어나서 물을 마신 후, 책상에 앉아 고전 필사를 한다.'

'나는 저녁 설거지를 마치고 곧바로 식탁에서 고전 필사를 한다.'

나는 고전 필사를 시작할 때, 필사 노트 첫 번째 페이지에 이렇게 기록해 두었다. '나는 5시에 일어나서 촛불을 켜고 고전 필사를 한다'라고. 나의 신체 에너지는 새벽이 더 충만했다. 저녁 어스름이 들기 시작하면 에너지가 떨어져서 축 늘어지곤 했기 때문이다. 그래서 선택한 시간은 새벽이었다. 그리고 마흔에는 어린아이를 키우는 엄마였기에 아이들이 깨기 전의 시간이 더 편했다.

나에게 알맞은 시간을 찾는 것부터가 시작이다. 다른 사람의 의견이 아니라 나에게 집중하자. 내 경험을 떠올려 내가 정하면 된다. 내 삶의 선택은 내가 하는 것이다. 남의 의견을 들을 필요도 없다. 작은 선택부터 자신감 있게 하자. 정한 시간이 맞지 않으면 바꾸면 그만이다. 그렇게 나에게 알맞게 찾아가면 된다.

③ 오늘 바로 시작하기

'오늘 바로 시작하기? 준비되지 않았는데 바로 시작할 수 있을까?'

소제목을 읽으면서 이런 질문이 떠올랐을 것이다. 당연히 펜과 노트도, 고전 도서도 준비되지 않은 상태에서 시작할 수는 없다. 하지만 위의 ①~②번을 읽으면서 생각한 것을 행동으로 옮기는 것은 당장 시작할 수 있다. 가벼운 마음으로 팬시점 나들이를 해보는 건 어떨까? 가까운 서점에 가서 위에서 언급한 도서를 찾아 몇 줄 읽어보는 것도 좋겠다. 외부로 발걸음을 옮기기가 어렵다면 깨끗한 종이를 꺼내서 '한 줄 다짐의 글'을 적어보는 것이다. 내가 선택한 것을 미루지 않고 당장 시작하는 것, 그것이 내 삶의 주인으로 살아가는 첫걸음이 된다.

자기를 이겨내는 것이 우리 각자에게 가장 필요한 공부라는 율곡의 말은 단순한 가르침이 아니라, 스스로 던지는 깊은 질문처럼 느껴진다. 나는 나를 이겨내고 있는가? 고전 필사는 위에서 언급한 대로 시작하면 된다. 나와의 약속은 만들기도 쉽고 어기기는 더 쉽다. 그래서 나 자신을 이겨내는 공부가 진짜다. 나에게 알맞은 방법을 찾는 것은 시도해 봐야 알 수 있다. 직접 하지 않으면 그 맛을 알기 어렵다.

시작하려고 시도하는 나를 응원하자. 미루지 않고 지금 당장 시작하면 할 수 있다. 이 책의 여백에 끄적끄적 생각을 적어보면 어떨까? 언제, 어디에서 하면 좋을지, 어떤 도서를 먼저 읽어보면 좋을지 말이다. 정답은 없다. 내 마음이 흡족하면 된다. 내 결정을 가장 지지하는 건 내가 되어야 한다. 걱정을 멈추고 시작하자. 시작하면 할 수 있다!

《어린 왕자》를 다시 펼쳐보자

"가장 중요한 건 눈에는 보이지 않아."

이 문장을 읽으며 '아!'라는 감탄사가 나왔다면, 분명히 어린 시절 이 책을 읽었다는 것이다. 길들인다는 건, 관계를 맺는다는 의미라는 내용을 읽으며 고개를 끄덕이고 있다면, 머릿속에서는 여우와 어린 왕자의 모습이 그려지고 있을 것이다.

우린 분명히 생텍쥐페리의 《어린 왕자》를 읽었다. 아니 읽지 않았더라도 그 제목은 너무나 익숙하다. 마흔에 다시 만난 《어린 왕자》 속에는 숨 쉬는 것조차 잊게 만드는 문장들이 있었다. 책을 펼치면 '따뜻한 위로가 필요한 어른들에게 이 책을 바친다'라는 내용의 문장을 제일 먼저 만나볼 수 있다.

서문을 읽으며 울컥했다. 이 책은 아이들을 위한 책이 아니었다. 어른들을 따뜻하게 위로하기 위해 쓴 책이다. 어린 시절 독후감 숙제를 위해 펼쳤던 《어린 왕자》에서는 전혀 읽은 기억이 없는 문장이다. 아니 읽었더라도 눈길이 스쳐 지나갔을 것이다. 어른이 아니었기 때문이다. 춥고 배고프고 위로가 필요한 어른이 아니었기 때문이다. 하지만 지금은 다르다. 마흔의 여자가 읽는 《어린 왕자》는 따스하다. 위로가 가득하다. 그저 해야만 하는 숙제로 읽었던 고전을 다시 펼쳐보자. 그 책이 너무나 새롭다는 것을 느끼며 읽기 시작하면 된다.

어린 왕자는 다섯 번째 별에서 가로등을 켜는 사람을 만난다. 그리고 그는 의미 있는 일을 하고 있고, 가로등을 켜는 일은 아주 아름다운 일이라고 생각한다. 이 사람은 누군가의 명령에 따라 해가 지면 가로등을 켜고, 해가 뜨면 가로등을 끈다. 처음엔 쉬어 가면서 할 수 있었지만, 별이 점점 빨리 돌면서 1분에 한 번씩 가로등을 켜고 끄느라 쉴 수가 없었다. 30분이 지나면 30일이 지나버리는 별에서 그는 자신이 아니라 다른 사람들을 위해 의미 있는 일을 하고 있었다.

'나는 오늘 지구별에서 의미 있는 일을 하고 있을까?'

어린 왕자가 만난 다섯 번째 별의 가로등을 켜는 사람을 보면서 내 안에 질문이 솟아올랐다. 그 질문을 그대로 필사 노트에 적고 가만히 생각에 잠겼다. 의미 있는 일은 다른 사람이 정해주는 일이 아니었다. 내가 세상에 나눌 수 있는 의미 있는 일이 무엇인지 고민하게 되었고, 그 일을 하고 싶다는 생각이 들었다. 내 안의 질문에 집중하면서 오늘을 의미 있게 살아가려는 의지가 생긴 것이다. 멈추어 생각하는 시간은 내 하루의 삶에 활력을 주었다.

《갈매기의 꿈》으로 시작하는 고전 필사

리처드 바크의 《갈매기의 꿈》에는 비행을 좋아하는 갈매기 조나단이 나온다. '조나단 리빙스턴은 무엇보다도 하늘을 나는 게 좋았다'라는 문장에서 멈추어 읽고 또 읽었다. 먹이를 잡기 위해서는 몇 번의 날갯짓이면 충분하다. 항구에 들어오는 어선을 따라 날고 있으면 어부들이 던져주는 먹이를 거저 얻기도 한다. 하지만 조나단은 달랐다. 먹이를 위한 날갯짓이 아니라 비행을 원한다. 그리고 꾸준히 하늘로 날아오른다. 주변의 비난과 조롱에도 불구하고.

이 책은 중학생 때 읽었다. 물론 국어 시간의 과제였다. 하지만 아무런 문장도 떠오르지 않는다. 눈으로만 읽고, 줄거리만 찾아서 기록하기에 급급했기 때문이다. 읽었다는 기억이 있는 것만으로도 놀랍다. 마흔의 지금은 어떻게 읽으면 좋을까?

'조나단은 하늘을 나는 것을 좋아하는구나. 나는 무엇을 좋아하지?'

쓸데없는 짓을 하고 있다는 주변의 지적에도 불구하고 조나단은 매일 비행 연습을 한다. 비행을 좋아하기 때문이다. 나에겐 그렇게 좋아하는 일이 있는지 궁금했다. 내가 좋아하는 것을 필사 노트에 기록해 보았다. 처음에는 아무런 생각이 나지 않았다. 내가 가슴 떨리도록 좋아하는 일이 있었는지 알 수 없었다. 괜한 속상함에 첫째 날에는 아무것도 기록하지 못한 채 노트를 덮어버리고 말았다. 다음 날 필사 노트를 펼쳤을 때, 채우지 못한 빈칸에 계속 눈길이 머물렀다. 뭐라도 쓰고 싶다는 생각이 들었다. 그래서 펜을 들어 한 줄씩 적어 내려갔다.

'나는 음악 듣기를 좋아한다. 나는 빨간색을 좋아한다. 나는 친구와의 수다를 좋아한다. 나는 책 읽기에 몰입하는 것을 좋아한다. 내가 또 좋아하는 것은…… 아! 나는 글쓰기도 좋아한다.'

하나씩 떠올리기 시작하자 이내 줄줄이 생각나기 시작했다. 내가 좋아하는 것을 떠올리면서 자연스럽게 기분이 좋아졌다. 그리고 지금 당장 하고 싶다는 생각이 들었다. 할 수 있는 것부터 하나씩 내 주변에 펼쳤다. 빨간색 스피커를 켜고 노래를 들었다. 구매만 하고 책장 구석에 세워두었던 책을 집어 들어 한 문장씩 읽어 내려가기 시작했다. 내가 좋아하는 것을 하는 시간이 행복했다. 이렇게 하나씩 나에게 좋은 것을 선물했다.

행복해지는 건 쉽다. 내가 좋아하는 것을 매일 하면서 내가 나를 돌본다. 내가 좋아하는 것이 하나씩 늘어갈 때마다 필사 노트에 기록하고 당장 시작해 보자. 나를 위한 행복을 미루지 말자. 누구도 대신해 주지 않는다. 내 행복은 내가 찾아서 누리는 것이 맞다.

조나단의 스승 챙은 어디를 가려거든 이미 도착했다는 것을 아는 것에서 시작해야 한다고 했다. '시작하기도 전에 도착했다는 것을 알아야 한다고? 무슨 말이지?' 이 문장에 밑줄을 그어놓고 읽고 또 읽었다. 무슨 의미인지 알 수 없어서 이렇게 기록해 두었던 기억이 난다. '분명히 한글로 쓰인 문장인데 무슨 말인지 모르겠다. 하지만 궁금한 것이 생긴 것에 설렌다. 계속 읽어가다 보면 깨닫게 되는 날도 오겠지'라고 말이다.

필사의 기록은 내 생각을 적는 것이다. 성찰하고 깨닫는 것이 있으면 좋겠지만, 도대체 무슨 말인지 알 수 없어서 고개를 갸우뚱거리기도 한다. 그럴 때는 그 상황과 느낌을 적는다. 그러면 된다. 고전 필사는 누군가에게 보여주기 위한 과제를 하는 것이 아니기 때문이다. 그러므로 솔직하게 적는 다. 내가 모른다는 것을 인식하는 것, 그것도 오늘의 깨달음 이 된다.

《갈매기의 꿈》에서 챙이 말한 '이미 도착했다는 것을 아는 것'은 스스로 자기를 명명하는 것이다. 책을 쓰기 시작하면 서 '나는 작가다'라고 정의 내리는 것, 자격 과정을 공부하면 서 '나는 그림책 선생님이다'라고 정하는 것처럼 말이다. 스 스로에 확언하고 시작하면 명확하게 그 자리에 다다를 수 있 다. 꿈을 이루기 위한 시작은 꿈을 이룬 모습을 나에게 명명 하는 것이다.

책의 마지막 장을 덮을 때야 비로소 그 문장의 의미를 이 해할 수 있었다. 당장 오늘의 문장에서 모든 것을 이해하려 는 욕심을 내려두자. 포기하지 않고 읽고 쓰면, 깨닫는 시점 이 있다. 밥 한술에 배부를 수 없다. 천 리 길도 한 걸음부터 다. 이미 알고 있는 것을 실천하면 된다. 조급함을 내려두고 하루에 한 문장씩 쌓아가자. 한 문장이 모이면 한 권이 되고, 한 권은 열권으로 이어진다. 꾸준히 성장하면 된다.

고전 필사는 펼치기 쉬운 책부터 시작하자. 학창 시절에 읽었던 책을 다시 펼치면 된다. 당장 생각나지 않는다면 여기서 소개한 《어린 왕자》와 《갈매기의 꿈》으로 시작하면 된다. 지면에서 소개하지 못한 빛나는 문장들이 가득하다. 각자의 눈길을 잡는 문장에 머무르며 곱씹어 읽고, 손으로 쓰고 사유하면 된다. 마흔의 시점에서 바라보는 문장들은 과거의 내가 발견하지 못한 것을 보게 하고, 느끼게 할 것이다. 그렇게 시작하고 하루하루 배워 가면 된다. 먼바다에서 혼자 지내며 허기졌지만, 배우는 것이 있어 행복했던 갈매기 조나단처럼.

실패해도 고전 필사를 이어가는 방법

'이거 생각보다 쉬운데!'

'역시 지속하는 건 쉽지 않아. 그만두는 것이 또 하나 생기는구나.'

이 책을 읽으며 고전 필사에 도전한 독자에게 묻고 싶다. 전자와 후자 중에 어느 쪽이 더 가까운가? 전자라면 그 마음 그대로 자신을 응원하며 이어가면 된다. 하지만 후자라면 지극히 자연스러운 현상이다. 그러니 실망하지 말고, 내 이야기를 들어보면 좋겠다. 나도 후자였기 때문이다.

다짐에 다짐을 거듭하고 고전 필사를 시작했지만, 단 이틀 만에 중단되었다. 아이가 열 감기에 걸려 아이 곁에서 밤새 체온을 확인하느라 잠을 제대로 자지 못했다. 자다 깨기를 반복하며 밤을 보냈으니 당연히 새벽 기상은 무리였다. 새벽 시간에 고전을 펼치지 못하고 하루를 시작하니 일상은 관성대로 흘렀다. 아이와의 소아청소년과행까지 더해진 일상에서 정신을 차리지 못하고 잠들어버렸다. 그렇게 하루가 넘어갔다.

'괜한 것을 한다고 해서 하지 않아도 될 실망을 하네. 안 그래도 힘든데.'

하루가 넘어간 것을 알아차리고 나니 짜증이 났다. 나에게 실망하는 것이 싫었다. 겨우 회복하고 있던 자신감이 다시 곤두박질치는 느낌이었다. 하지만 고작 하루 때문에 마음마저 작아지고 싶지 않았다.

아니타 무르자니는 《나로 살아가는 기쁨》에서 '사랑해, 언제나 너의 제일 친한 친구로 남을게'라고 자신에게 반복해서 말한다. 그녀는 말기암 환자였다. 그녀는 임사 체험(사람이 죽음에 이르렀다가 다시 살아난 체험)을 하는 동안 의식의 확장을 경험하면서 자신이 왜 암에 걸렸는지 알아차렸다. 그 이유는 바로 자기를 사랑하지 않았기 때문이다. 자기 사랑의 부족이 암이라는 몸의 질병으로 표현되었다고. 그래서 그녀는 저서에서 자신에게 항상 제일 친한 친구로 남을 것이라는 말을 계속했다.

그렇다. 고작 하루였다. 단 한 번의 실패로 나를 비난할 필요가 없었다. 다른 사람에게는 친절하면서 자신에게는 너무 가혹했다. 지금 필요한 것은 비난이 아니라 격려였다. 나는 아니타 무르자니의 글을 읽고 나에게 말했다.

"괜찮아. 그럴 수 있어. 하루 빠진 상태로 그냥 이어가면 되는 거야."

나는 고민하면서 필사하지 않을 변명거리를 찾지 않고 곧장 이어갔다. 그렇게 내가 나를 용서했다. 그 이후로도 여러 가지 이유로 필사하지 못하고 넘어간 날이 있었다. 하지만 나를 자책하거나 지적하지 않았다. 다만 그만둬야겠다는 생각은 하지 않았다. 고전 필사 시간으로 성장하고 있다는 것을 느꼈기 때문이다. 그 고요의 시간 덕분에 나는 나를 있는 그대로 받아들이고 조금씩 단단해지고 있었다. 오로지 전진하는 사건만이 중요하다는 《야간비행》의 문장도 함께 떠올리면서.

비난해도 고전 필사를 하는 이유

"준비 다 되었어? 출발하면 돼?"

"명절 연휴에 읽을 고전이랑 필사 노트 챙기고 있어."

"짐도 많은데 그것까지 챙겨가려고?"

"응! 명절에 더 필요하거든."

도대체 무슨 뜻인지 모르겠다는 남편의 표정을 뒤로 하고 손은 바쁘게 움직였다. 읽고 있던 고전 도서와 노트를 챙기면서 나는 어느새 콧노래까지 부르고 있었다. 난 그렇게 시가와 친정으로 오가는 2박 3일의 여정을 준비했다.

본가를 떠나 한 가정을 이룬 지 15년이 지났다. 어느 집도 편하지 않은 것이 사실이다. 머물고 있을 때는 몰라도 집에 돌아오면 감기를 시작하는 것을 보면 힘들었구나 싶다. 낯선 환경도 그렇지만 평상시에 만나지 않았던 사람과 만나고, 일상에서 하지 않았던 일을 하다 보니 마음도 무겁다.

'내가 선택할 수 없고, 그저 해야만 하는 일을 억지로 하는 것은 이렇게 어렵구나!'

마흔의 여자는 해야만 하는 일이 많다. 명절도 그렇다. 가정마다 풍습이 달라 많이 변화하고 있다고 하지만 지금도 여전히 반가운 행사는 아닌 것이 분명하다. 〈서울신문〉의 기사에 따르면('명절 이혼 조심…돌싱女, 추석 스트레스 1위 시댁 식구 만나기', 2023년 9월 25일, 김민지 기자) 2016년부터 2019년 설날까지 네 번의 설과 세 번의 추석 등 총 일곱 차례의 명절이 포함된 달과 그다음 달의 전국 법원 협의이혼 신청 건수를 비교한 결과 명절 직후 이혼율이 증가했다고 한다.

하지만 코로나19가 한참 확산하던 2020년 1월 이혼 건수는 8,800여 건에서 2월 8,200여 건으로 줄었고 추석 연휴가 포함된 10월엔 9,300여 건이었으나 11월에는 8,900여 건으로 감소했다고 전했다.

기사의 내용을 바탕으로 생각해 보면, 원 가족과 함께 명절을 보내고 난 후 갈등이 고조되었고, 부부가 고민했던 이혼을 더 이상 미루지 않고 진행한 것을 알 수 있다.

갈등 상황이 벌어지고 몸도 마음도 힘들어질 때까지 나를 내버려두지 말자. 마흔의 여자는 이미 시가와 친정의 분위기가 사뭇 다르다는 것을 알고 있다. 어떻게 하면 내가 편안하게 그 시간을 보낼 수 있을지 알고 있다. 내 마음대로 할 수 없는 상황에서 내가 자유롭게 선택할 수 있는 고전 도서와 필사 노트는 마음을 돌보는 필수품이다. 그래서 난 그 필수품을 첫 번째로 가방에 챙긴다.

가장 먼저 자기 내면의 안내 시스템과 소통하는 것이 중요하다는 것이 아니타 무르자니의 가르침이다. 내게 꼭 필요한 것을 내가 먼저 준비하는 것, 그것은 나를 사랑하는 방법이다. 다른 사람의 마음에 들기 위해 움직이는 것이 아니라 내가 내 마음의 평안을 위해 내면의 안내 시스템과 소통하자. 이런저런 고민을 하지 말고 행동하면 된다. 누구의 눈치도 볼 필요가 없다. 내가 선택하고 감당하면 그뿐이다.

내가 탁월해지는 데 다른 사람의 동의는 필요 없다. 자신의 길을 선택하고 꾸준히 걸어가는 것은 각자의 몫이다. 남의 판단을 기다리고 신경 쓰느라 시간을 낭비하지 말자. 나에게 좋은 것은 내가 안다. 그러니 고민하지 말고, 고전 필사를 하자. 고민할 그 시간에 책상 앞에 앉자. 자리에 앉기만 하면 그다음은 저절로 이루어진다. 읽고 쓰면서 편안해진다. 그 시간만큼 성장한다. 나에게 알맞게.

마흔의 삶을 살면서 필요한 것은 무엇일까? 외부적인 힘만큼 중요한 것이 내면의 힘이라고 생각한다. 내면의 힘은 큰 무엇이 아닐 수도 있다. 내 곁의 한 사람이 건네는 한마디 응원, 말없이 잡아주는 따스한 손, 오늘 읽은 책 속의 한 문장이 내면의 힘을 키운다.

"넌 엄마라는 사람이 왜 그러니?"

"그건 선생님이 하시면 되잖아요! 왜 저한테 하라고 하세요?"

"마음대로 결정하시면 안 되죠! 원래 그렇게 마음대로 하세요?"

날카로운 말 화살이 내 귀가 아니라 가슴으로 날아온다. 상대가 아무 생각 없이 건넨 한마디의 말에도 온 신경이 집중된다. 어떤 대응도 하지 못하고 멈춰버리는 내가 무기력하다. 하지만 상대를 바꿀 수는 없다. 상대가 내게 던지는 말을 변화시킬 수 있다는 생각은 할 여지도 없다. 정신건강의학과

의사 정재진의 말에 의하면 '상대를 바꿀 수 있다는 생각은 망상에 가깝다'라고 한다. 상대가 아니라 나에게 집중하는 것이 필요하다. 하루하루 흔들리고 출렁이는 나를 데리고 살아가려면 힘을 얻어야 하는 곳이 꼭 있어야 한다.

고전 필사는 내게 내면의 힘을 키우는 가장 좋은 방법이다. 내가 필요한 시점에 책만 펼치면 가능하기 때문이다. 고요해지는 시간에 내가 나를 위로하고 응원할 수 있다.

생텍쥐페리는 《인간의 대지》를 통해, 각자가 자신의 역할을 제대로 인식할 때 비로소 행복에 이를 수 있음을 보여준다. 누군가에게는 하찮다고 여겨지는 역할이라도 자신의 역할을 제대로 인식하게 되면 행복을 찾을 수 있다. 매일의 삶이 변화무쌍하지 않다. 일어나면 아이들을 챙기고 밥을 먹여 학교를 보낸다. 돌아서면 보이는 집안일들이 끊임없이 이어진다. 평범한 일상에 감사하다가도 불쑥 짜증이 올라오는 것은 '나만 이렇게 계속해야 하나'라는 억울함 때문이다. 하지만 이 일이 지금 내게 주어진 내 역할이라는 것을 인식하고 나면 기꺼이 책임질 수 있다. 기쁘게 해낼 수 있다. 내가 엄마라서, 내가 이 가정의 리더라서 그리고 내가 이 자리에 있기에 가능한 일이기 때문이다.

사람의 에너지는 한정적이다. 소진되면 채워야 한다. 소진된 것도 모르고 달려가다 보면 번아웃되기 쉽다. 정신건강의학과 송준호 원장에 따르면(팜뉴스, '직장인 중 한 번쯤 경험하는 번아웃 증후군 슬기롭게 대처하는 방법은?', 2023년 9월 12일, 이석훈 기자) 번아웃 증후군이란 한 가지 일에 몰두하던 사람이 극도의 피로감으로 인해 무기력증, 심한 불안감, 자기혐오 등에 빠지는 것이다. 번아웃 증후군은 현대인 3명 중 2명이 경험했을 정도로 주변에서 흔하게 볼 수 있는 질환이다. 이것이 위험한 이유는 자신도 모르게 증상이 점점 심화한다는 점이다. 이때 스스로 심각성을 인지하지 못하고 증상이 일시적이라 생각해서 건강하지 못한 방법으로 스트레스를 해소하게 되면 다양한 중독 등 2차 질환으로 이어질 가능성이 높다.

번아웃되기 전에 내가 나를 지켜야 한다. 나에게 맞는 방법을 찾아 꾸준히 진행해야 내 삶을 건강하게 일궈 나갈 수 있다. 꾸준한 고전 필사는 내 마음의 에너지를 채워준다. 지금부터는 꾸준히 고전 필사를 이어가는 방법을 알아보자.

꾸준히 고전 필사하는 방법

첫째, 동선 최소화하기
세상에서 가장 먼 거리가 어디일까? 바로 머리에서 손까지의 거리라고 한다. 머리로 계획한 것을 손으로 실행하는

데 수많은 결심과 인내력이 필요하다. 미루고 싶은 마음마저 더해지면 시간만 허비하다 소진된 나를 더 우울하게 만들고 만다. 그러니 고전 필사 노트까지의 동선을 최소화하자.

새벽형 독자라면, 자기 전에 책상에 고전 도서와 노트를 펼쳐두고 잠들자. 일어나자마자 책상에 앉아서 시작하면 된다. 올빼미형 독자라면 집 안에서 가장 자주 드나드는 장소에 손을 뻗으면 닿을 수 있는 미니 책장을 마련하자. 식탁 위도 추천하는 장소다. 나도 내 책상이 생기기 전, 저녁 식사 후 설거지도 하기 전에 식탁의 반찬을 미뤄두고 고전 필사를 했다.

둘째, 방해되는 물건 제거하기

가장 느리게 읽는 고전 필사에 방해되는 물건은 당연히 아주 빠르게 움직이는 동영상을 보여주는 스마트폰이다. 고전 필사를 하려는 마음이 들었을 때, 근처에 있던 스마트폰을 보게 되면 순식간에 빠져들고 만다. 수없이 많은 짧은 영상을 돌려보게 되면 어느새 한 시간이 훌쩍 지나있음을 많이 경험했을 것이다. 그러니 필사 노트 근처에는 스마트폰을 놓지 말자.

스마트폰을 치운 장소에는 고전 필사에 도움이 되는 물건을 놓아두면 좋다. 좋아하는 향기가 나는 예쁜 초, 만년필을 꽂아둘 수 있는 귀여운 연필꽂이 그리고 바라볼수록 기분이 좋아지는 그림도 좋다. 나는 그림책을 구입할 때 선물로 받은 엽서를 세워두곤 한다. 가만히 바라보고 있으면 어느새 내가 미소 짓고 있기 때문이다. 마음을 평안하게 해주는 물건들로 둘러싸인 공간에서 차분히 나와 대화하는 시간을 마련해 보자.

셋째, 스스로 보상하기

이것은 아이들에게 주는 칭찬 스티커와 같은 개념이다. 좋은 습관을 이어가는 자신에게 적절한 보상을 하는 것이다. 일주일에 5회 이상 고전 필사를 작성했다면, 자신에게 커피 한 잔을 선물하자. 내게 선물한 커피 쿠폰을 들고 카페에 앉아 느긋하게 시간을 보내며 필사를 이어가는 것도 좋겠다. 새로운 장소에서는 새로운 생각들이 샘솟는다. 간단한 자극이라도 자신에게 편안한 것이라면 기꺼이 제공하자. 내가 사랑하는 나를 위해서.

단, 보상은 그저 외부적 동기부여라는 것을 기억하자. 내적 동기부여인 고전 필사를 꾸준히 이어가기 위한 일시적인 방법이라는 것을 기억하고 활용하는 것이 좋겠다. 내 안의 힘을 믿자. 당신은 할 수 있다.

넷째, 나를 고전 필사 시스템 안에 넣기

위 세 가지의 방법이 모두 실천하기 어렵다고 판단된다면, 온라인 모임을 활용하는 방법도 있다. 고전 필사를 이어가는 사람들과 함께하는 것이다. 초록 창의 카페 중에는 '아레테 인문아카데미'가 있다. 이 카페에서는 '작업 프로젝트'라는 이름으로 고전 필사가 진행된다. 2025년 1월 기준 75기가 진행되고 있다. 인문 고전을 연구하고 특강을 진행하시는 임성훈 작가님의 추천으로 매월 한 권에서 두 권의 고전을 추천받는다. 그리고 매주 5회 이상 고전을 읽고 필사하여 카페에 인증하면 매주 리워드를 받을 수 있다.

이렇게 시스템에 자신을 넣어두면 약간의 의무성이 주어진다. 습관이 되기까지는 부담스럽지 않은 약간의 의무성이 도움이 된다. 그리고 성공할 때마다 매주 리워드를 받으면서 기분 좋게 고전 필사를 이어갈 방법이 된다. 선택은 독자의 자유다. 나에게 맞는 방법을 찾아가자.

데일 카네기는 《데일 카네기 인간관계론》에서 모든 건 마음 먹기에 달려 있으며, 밝은 기운과 올바른 태도가 그 무엇보다 중요함을 강조한다. 마음 먹은 것을 실천하고자 하는 의지, 올바른 태도가 새로운 창조를 가능하게 한다. 나만의 것을 세상에 내어놓을 때, 사람들은 환희를 느낀다. 세상에 하나씩 더해지는 필사의 문장들이 삶에 대한 열정과 의지를 솟아오르게 할 것이다. 꾸준히 하다 보면 무슨 말인지 알 수 있다. 시작하고 이어가는 사람만이 느낄 수 있는 존재감이다. 지극히 평범한 마흔의 여자인 내가 했으니, 당신도 분명히 할 수 있다. 《데일 카네기 인간관계론》의 데일 카네기의 말을 빌려 당신을 응원한다. 턱을 당기고 고개를 들라. 우리는 무한한 가능성을 지닌 사람들이다.

온라인 카페에서 함께하는 필사

'빨리 가려면 혼자 가고 멀리 가려면 함께 가라'는 아프리카 속담이 있다. 혼자서 결정하고 혼자서 시작한 고전 필사지만 꾸준히 지속하는 힘을 얻는 데는 동행인이 있으면 좋다. 앞에서 언급한 것처럼 온라인 카페에서 동행인을 찾는 것도 좋은 방법이 된다. 함께하는 필사는 어떤 장점이 있는지 알아보자.

첫째, 유익한 고전 도서를 추천받을 수 있다.

처음 고전을 읽기로 마음먹은 독자라면 도서 선정부터 어려울 수 있다. 많은 고전 도서 중에서 나에게 맞는 것을 선택하는 것부터 부담이 된다면 시작하기도 전에 포기할 수 있다. 하지만 함께하는 필사 프로그램에 참여하면서 시작하면 도서 선정의 어려움은 쉽게 해결된다. 매달 주어지는 도서를 구입하면 되기 때문이다. 게다가 보통은 초급과 중급으로 나

뉘어 있어 내 시작점에 맞게 선택하기만 하면 된다.

처음 고전 읽기를 시작하는 독자라면 임성훈 작가의《고전 읽기 독서법》을 추천한다. 작가는 부모가 먼저 고전을 읽고, 아이에게 전할 방법을 친절하게 설명한다. 마흔의 여자 옆에는 함께 성장하고 있는 아이가 있다. 부모가 먼저 고전을 읽고 자신의 가치관을 세우고 성장하는 모습을 아이에게 보여주는 것은 아이에게 멋진 본보기가 된다. 그렇게 배우고 익힌 것을 일상에서 자연스럽게 나누게 된다면 이보다 더 좋은 교육이 없다. 마흔의 여자와 그녀의 자녀들이 함께 참여하는 온라인 고전 카페를 상상하니 뿌듯하다. 부모와 아이가 함께하는 필사를 응원한다.

기억하자. 타고르의《기탄잘리》에 의하면 인간은 자신만의 생각을 생산함으로써 참된 자유를 느낀다. 고전 필사를 통해 나만의 생각을 생산하며 진정한 자유를 느껴보자.

둘째, 같은 책, 다른 생각을 경험한다.

한 달 동안 한 권의 도서를 함께 읽고 필사한다. 밑줄을 그은 도서와 필사 노트를 촬영하여 인증하고 카페에 공유하면 동행하는 사람들과 함께 읽어볼 수 있다. 분명히 같은 도서를 읽고 있지만, 각자 선택하는 문장은 다 다르다. 다른 사람들이 업로드한 사진을 보면서 이런 문장이 책에 있었는지도 모를 때가 있다. 나에겐 스쳐 지나간 문장이 그에게는 눈길을 붙잡는 문장이 된 것이다.

또 나와 같은 문장을 발견하는 순간도 있다. '나와 같은 문장을 읽었구나!' 반가운 마음에 생각을 쓴 부분을 읽었을 때, 나와 다른 생각이 펼쳐진 내용을 확인하고 놀랐던 적이 한두 번이 아니다. '아하! 이렇게도 생각할 수 있구나!'라고 감탄하면서 생각의 폭이 넓어진다. 나만의 시선이 아니라 나와 다른 상대의 관점도 알아볼 수 있는 좋은 기회가 된다. 나와 다르다고 틀린 것이 아니라는 것을 배운다. 각자의 삶에서 자신만의 생각을 펼치며 주인으로 살고 있는 사람들을 응원하게 된다.

셋째, 서로 응원하면서 꾸준히 함께 필사할 수 있다.

온라인에서 함께 고전 필사를 하면 댓글로 서로를 응원할 수 있다. 처음에는 고개를 끄덕이며 다른 사람의 글을 보는 것이 전부였다. 하지만 어느 날, 나의 글에 달린 댓글을 보게 되었다.

– 글씨체가 예뻐요. 현주 님의 글자만 보고 있어도 치유가 되네요. 함께 해주셔서 고맙습니다.

이 문장을 읽고 순간 울컥해서 눈물을 흘릴 뻔했다. 단 두 줄의 문장이었지만 나로 인해 누군가가 편안해진다는 생각에 뿌듯하고 감사했다. 그다음부터는 나도 용기를 내어 댓글을 작성하기 시작했다.

– 자신만의 경험을 진솔하게 나눠주셔서 감사합니다.
– ○○님의 글 덕분에 다시 한번 생각하게 됩니다. 고맙습니다.
– 걱정하지 말고 지금처럼 하시면 됩니다. 잘하고 있으세요. 감사합니다.

댓글을 작성하기 위해 더 꼼꼼하게 글을 읽는다. 작성자의 생각이 담긴 중요한 문장을 찾아내어 한 번 더 언급하면서 나에게도 다시 한번 다짐하는 시간이 된다. 또 난생처음 고전 필사를 시작한 분들에게는 아낌없는 응원을 보낼 수도 있다. 응원과 격려를 나누며 함께하는 필사 시간이 풍성해진다. 적당한 거리를 둔 온라인 공간이 참 따스하다는 것을 느꼈다.

빅터 프랭클은 사랑을 인간이 추구해야 할 가장 숭고한 목표로 여겼다. 서로에게 마음껏 사랑을 표현하며 함께 성장하는 고전 필사의 공간을 꿈꾼다. 동행하는 사람들과 꾸준히 함께하면서 각자 자기 삶의 소명을 밝힐 수 있으면 더욱 의미 있는 일이 될 것이다.

부모와 아이가 함께하는 필사

'나에게 좋은 것을 아이에게도 나누고 싶다.'
'고전 읽기가 어렵지는 않을까?'
'내가 먼저 읽었던 것으로 시작해 보면 어떨까?'

고전 필사를 이어간 지 3년이 꽉 찼을 무렵이었다. 이제 초등 중학년을 지나 고학년에 접어드는 둘째와 고전 필사를 함께하고 싶다는 생각이 들었다. 하지만 억지로 시작하고 싶지는 않았다. 내가 억지로 잡아당겼다가는 고전 독서의 나쁜 기억만 심어줄 것 같았기 때문이다. 내 조급함을 버리는 것이 첫째였다.

둘째는 그림에 관심이 많다. 도서를 선택하는 기준도 남다르다. 그림이나 삽화가 마음에 들어야 펼쳐본다. 그래서 나는 삽화가 인상적인 고전 도서 《어린 왕자》를 식탁 위에 올려두었다. 식사 준비를 도와주러 나온 아이는 책을 집어 들며 나에게 물었다.

"이 작고 귀여운 책은 뭐예요, 엄마?"
"엄마가 좋아하는 책이야. 그림이 참 예쁘지?"

"네! 좀 넘겨봐도 돼요?"

"그럼, 앞쪽에는 그림이 몇 장 있고, 뒷부분에는 삽화가 그려져 있어. 한번 봐봐."

아이는 '오!'라는 감탄사를 반복하며 그림을 먼저 살폈다. 그리고 망토를 입은 작은 주인공에 대해 궁금해하기 시작했다. 하지만 많은 이야기를 하지 않고, 저녁 식사 이후로 이야기 시간을 미뤄두었다. 엄마의 대답을 기다리면서 아이의 호기심과 상상력이 자극되기를 바라면서 말이다. 아이와 함께하는 고전 필사는 약간의 준비가 필요하다. 다음과 같은 차례로 함께 해보자.

첫째, 아이의 호기심을 자극하는 고전 도서를 선택한다. 단, 부모가 먼저 읽은 도서 중에서 선정하는 것이 좋다.

둘째, 아이와 함께 필사 노트를 준비한다.

셋째, 고전 도서에서 아이가 필사할 부분을 선택해 노트 왼쪽에 적는다. 아래쪽은 아이가 따라 쓸(필사) 부분으로 남겨둔다.

넷째, 노트 오른편에는 질문을 적는다. 필사 문장과 연관된 질문을 하는 것이 좋다. 단답식의 대답이 예상되는 질문보다는 아이의 생각을 펼칠 수 있는 질문을 추천한다.

다섯째, 노트를 펼치기 전 칭찬할 준비를 한다. 아이의 필사와 질문에 대한 대답이 처음부터 만족스럽지 않을 것이다. 하지만 꼭 칭찬할 부분을 찾아 한껏 응원해 주자. 예를 들어, 아이가 쓴 문장을 가리키며 '우와! 이런 생각을 했구나!'와 같이 구체적인 표현이면 좋다.

아이와 함께하는 고전 필사는 나도 계속 도전 중이다. 마흔의 여자인 나와 사춘기를 시작하는 아이가 함께 성장하는 것이 쉽지는 않다. 그러니 조급함을 내려두고 나와 함께 천천히 시도해 보자. 나의 도전기와 실패담 그리고 성공 경험은 꾸준히 블로그에 남겨두려고 한다. 아이와 성장하고 싶은 마흔 여자들과의 소통이 기대된다.

고전 필사도 사람들과 어울려 즐겁게 하자. 함께하는 기쁨과 행복을 누리는 것을 두려워하지 말자. 여러 가지 걱정으로 계속 미루기엔 함께 성장하는 고전 필사의 아름다움이 너무 크다. 함께하는 고전 필사, 당신도 할 수 있다.

2부

마흔,
고전 읽기로
내 감정의
주인이 되자

1장

부정적인 감정을
다스리는 고전 읽기

'아…… 이번에도 탈락이네. 한쪽 문이 닫히고 있는 것 같다.'

2024년은 내가 도서관, 복지관 그리고 상담센터 등에서 강의하면서 지낸 지 약 10년이 되는 해였다. 강사에게 1월과 2월은 강의계획서와 자기소개서를 쓰고 각종 경력증명서를 준비하며 다양한 평생교육기관에 지원하는 시기다. 해를 거듭하면서 경력증명서를 미리 발급해 두는 요령도 생기고, 이력서의 내용을 업그레이드하면서 한결 수월하게 지원서를 작성했다. 기관에 제출하기 전 면접 일자를 확인하는 것도 잊지 않았다. 서류 합격 소식을 전해 듣고도 면접 시간이 맞지 않아 결국 불합격되었던 경험도 있었기 때문이다. 덕분에 지난 2, 3년 동안은 일주일을 꽉 채워 이곳저곳으로 부지런히 옮겨 다니며 강의했다. 인정받은 강사가 된 것 같아 뿌듯했다.

하지만 2024년의 1월은 달랐다. 도전하는 마음으로 타지역의 새로운 기관 지원 서류를 작성해 보기도 하고, 인연을 이어가고 있는 기관에도 지원 서류를 제출했다. 강의 대상자를 바꿔 작성해 둔 계획안을 다시 수정하기도 하고, 기존에 수업하던 대상자에게는 새로운 형식의 수업을 제시하기도 했다. 그런데 합격 소식을 기대하며 기관의 홈페이지를 확인하던 날마다 실망했다. 내 이름은 찾아볼 수 없었기 때문이다. 결과를 마주하기가 싫어 외면하고 있으니, 문자로 친절하게 불합격 소식을 전하는 기관도 있었다.

'뭐가 잘못된 거지? 왜 계속 불합격인 거야?'

이유도 알 수 없고, 하소연할 곳도 없는 상황이 반복되자 두려웠다. 당장 3월 상반기부터 정규 과정의 일정한 수입이 끊어진다는 생각이 더 두려웠다. 선택받지 못한 내가 잘못된 것 같았다. 접수 기간이 제시된 공고문을 읽고 또 읽었다. 메일을 잘못 보낸 것이 아닌가 싶어 이메일주소도 몇 번이나 확인했다. 그러다 문득 '이게 무슨 쓸데없는 행동인가!' 싶은 생각이 들었다. 가만히 멍하니 앉아 있었다.

《나로 살아가는 기쁨》의 저자 아니타 무르자니는 자신 안의 두려움을 바라보라고 했다. '두려움이 거기 있구나' 하면서 말이다. 내 안에는 그저 살던 대로 살고 싶은 안일한 마음이 있었다. 조금만 노력하고 큰 성과를 내고 싶은 욕심이 있었다. 그렇게 지낸 시간이 있었기에 당연히 이번에도 가능하다고 생각했다. 세상에 당연한 것은 없다. 거저 이루어지는 것이 없다는 것을 알면서도 또 기대하고 있었다.

'계속 이렇게 주저앉아서 두려워하고 싶지 않아. 이제 다시 행복해지고 싶어. 그러면 무엇을 해야 하지? 내가 지금 하고 싶은 일은 뭐지?'

가만히 두려움과 마주하며 머무르고 나자, 뭔가 새로운 생각을 할 수 있었다. 그래서 미뤄두었던 약속을 이행했다. 다음 날 새벽, 나는 시외버스터미널에 있었다. 각자 강의 일정으로 만나지 못했던 선생님들과의 즐거운 시간을 기대하면서. 버스를 타고 한 시간 그리고 중간지점에서 만난 선생님의 차를 타고 또 한 시간을 달려 우리는 만났다. 그리고 여유롭게 식사하고 더 여유롭게 커피를 마셨다. 그렇게 나에게 행복한 시간을 선물했다.

"선생님, 기관의 모집 공고에 선생님을 맞추려고 하지 말고, 기관에서 선생님을 찾게 하세요. 사업자등록증은 있으세요? 그것부터 하면 되겠네요."

지속적으로 강의하며 지역에서 자리를 잡아가고 있는 선생님의 조언에 머리를 세게 맞은 기분이었다. 그랬다. 진짜 하고 싶은 일을 미뤄두고 있었다. 계속 외면하고 돌아서서 살던 대로 살고 있었다. 막혔던 길이 갑자기 뻥 뚫린 기분이었다. 문득 스마트폰의 메모장을 보니 사업장명을 기록해 둔 흔적도 보였다. 새로운 두려움과 마주해야겠다는 생각이 들었다.

아니타 무르자니는 재미있고 흥미로운 일을 하면서 자신을 잘 돌보아 한다고 했다. 재미있고 흥미로운 일은 내가 찾아야 한다. 내가 가장 하고 싶은 일은 내가 알고 있기 때문이다. 난 선생님들을 만난 다음 주에 세무서 상담 창구에 앉아 있었다. 간단한 상담을 마치고 필요한 서류를 작성하고 약 10분 만에 사업자가 되었다. '함께 성장 교육연구소'의 대표가 된 것이다. 이렇게 간단한 일이었다니!' 고민하고 두려워하느라 보낸 시간이 안타까울 만큼 그 절차가 간단했다.

창구를 통해 건네받은 사업자등록증을 손에 들고 가벼운 떨림을 느꼈다. 그저 종이 한 장이었지만 내겐 두려운 현실을 용감하게 마주한 결과물이었다. 그리고 새로운 두려움과 마주하겠다는 다짐이었다.

공사에 여유가 있으면 반드시 정신을 집중하여 고요히 생각하며, 백성을 편안히 할 방책을 헤아려내어 지성으로 잘 되기를 구해야 한다. 많이 말하지 말고, 갑자기 성내지도 말아야 한다.
— 《목민심서》, 정약용

리더의 생각은 한 수 높고 한 걸음 앞서 나가야 한다. 고요한 시간에 여유를 갖고 생각을 확장하며 남들이 생각지 못한 방향을 제시할 수 있어야 한다.

다산 정약용의 《목민심서》를 해석한 《살면서 꼭 한 번은 목민심서》를 펼쳤다. 책에는 리더의 자세가 나온다. 리더는 고요한 시간을 가지고 나와 우리의 성장을 위해 지금 무엇을 해야 하는지 스스로 정하고 제시하는 사람이다.

리더로 살기로 했으니 이제 스스로 정해야 한다. 무엇을 어떻게 해야 할지, 무엇부터 해야 하는지 알려주는 사람은 없다. 어떤 순서로 할지 어떤 방법으로 할지 모두 스스로 결정해야 하는 것이다. 두렵다. 지금껏 경험하지 않았던 일들이 내 앞에 펼쳐질 것에 대처할 힘이 내 안에 있는지 확신할 수 없다. 하지만 두려움과 함께 설렘도 있다. 내가 선택한 일이기 때문이다.

마흔의 여자로 사는 것은 두려움과 마주하는 것이 일상이다. 매일 시간은 계속 흐른다. 아무것도 하지 않고 살던 대로 살기에는 살아갈 날이 너무 많이 남았다. 평생 살 것처럼 행동하면서 당장 내일 떠날 것처럼 열정적으로 준비해 보는 건 어떨까?

누구도 알 수 없다. 어떤 일이 일어날지 정하는 것은 나 자신이다. 그러니 그저 두려움 뒤에 숨지 말고 마주하자. '너 거기 있구나.' 마주하다 보면 해결책이 떠오른다. 새로운 생각이 떠오르는 것에 또 마주하면 된다. 그것이 정답이다. 내 안의 정답이 떠오르면 그대로 시작하면 된다. 누구도 내 삶을 대신 살아주지 않는다. 마흔 이후의 삶은 내가 정하자. 내 삶의 리더로 살자. 두려움을 마주하는 것이 시작이다.

마음 깊은 곳에서 천천히 차오르는 불안

'왜 아무것도 하고 싶지 않을까?'

'왜 모험에 나서려고 하지 않지?'

'내가 지금 불가능하다고 생각하는 것이 맞을까?'

알람 소리에 눈을 떴을 때, 몸을 일으키지 못하고 여러 가지 생각에 빠져들 때가 있다. 어제 잠들 때까지만 해도 새벽에 일어나서 하고 싶은 일들을 기록하고 기분 좋은 피곤함을 안고 잠들었는데, 오늘 눈을 뜨니 다르다. 무거운 몸은 일으키기가 싫고, 머릿속은 복잡하기만 하다. 해야 할 일 목록은 하나둘 떠오르는데 몸은 움직이고 싶지 않고 시간은 계속 흐른다. 무엇 때문에 이런 기분이 드는 것일까?

이유 없이 불안했다. 불안이라는 감정은 왜 이렇게 문득문득 찾아와서 나를 꼼짝 못 하게 하는 것인지 궁금했다. 불안에 대해 찾아보았다. 한국생명존중희망재단의 정의에 따르면 불안이란, 막연하게 불편한 일이나 위험이 닥칠 것만 같아 마음이 편하지 않고 조마조마한 느낌이다. 그리고 이와 관련해서 가슴이 두근거리고 진땀이 나고 떨림, 입 마름, 숨 쉬기 어려운 신체 증상과 서성거리거나 과민하게 행동하는 증상까지 동반한다고 한다.

하지만 대한불안의학회의 정의에 따르면 불안은 살아가면서 누구나 매사 느낄 수 있는 감정이다. 또 불안은 앞으로 일어날 일에 대해 효과적으로 대비할 수 있도록 도와주는 순기능적인 역할도 한다.

'누구나 느낄 수 있는 자연스러운 감정이구나. 그럴 수도 있구나!'

그저 누구나 느낄 수 있는 감정이라는 것만 알아도 살 것 같았다. 나만 이렇게 가슴 두근거리고 있는 게 아니라는 것만 알아차려도 괜찮아졌다. 하지만 잠시뿐이었다. 금세 또 증상이 시작되었다. 잠시도 머무르지 못하고 여기저기 움직이면서 집중하지 못했다. 그래서 식사를 준비하다가 세탁기를 작동시키고, 밥을 먹다가 책상에서 끄적거렸다. 내 행동에 내가 멀미가 날 지경이었다. 힘들었다.

프리드리히 니체는 《차라투스트라는 이렇게 말했다》에서 차라투스트라를 버리고 온전히 자신을 찾는 여정을 강조한다. 이 책은 몇 번의 실패를 거듭하며 펼치고 덮기를 반복했다. 무슨 의미인지 이해할 수 없어서 덮었다가, 다시 내 눈길을 잡아서 펼치곤 한다. 막연하게 불안이 올라오는 날, 니체는 나에게 이 문장을 보여주었다. 스승의 가르침을 버리고 자신을 찾아야 한다고 말이다. 그대로 따르기만 하는 것이 아니라 스승을 부정하고 돌아섰을 때, 비로소 진짜 스승을 따르는 것이라고.

《논어》에서는 군자는 자신에게 요구하고, 소인은 남에게 요구한다고 했다. 크고 작은 모든 일에 다른 사람을 탓하고, 남에게 무언가를 요구한다고 바뀌는 것이 하나도 없다는 뜻이다. 문제가 있으면 내 안의 어떤 면이 그 결과를 낳았는지 생각해 보고 행동하라는 의미다.

'그저 불안이라는 감정 뒤에 숨어 있었구나!'

'해야 하는 일, 하고 싶은 일을 생각만 하면서 움직이지 않았구나!'

고전을 읽고 필사하면 내 안에 떠오르는 질문들이 있다. 노트에 그 질문을 적고 나만의 답을 떠올려본다. 술술 잘 써지는 날도 있고, 질문을 적어두고 하염없이 바라보고만 있을 때도 있다. 도저히 답이 떠오르지 않아 노트를 그냥 덮어버리는 날도 있다.

이날도 그랬다. 이유 없는 불안이 스멀스멀 올라오는 날, 멍하니 누워 있다가 겨우 일어나서 거실을 서성거리던 나는 책상에 앉아 고전을 펼쳤다. 그리고 읽고 쓰고 끄적거렸다. 천천히 고요해지는 것을 느꼈다. 내 숨소리가 내게 들리기 시작했다. 고른 숨소리를 들으며 손은 더 천천히 움직였다. 그렇게 쓰면서 내 불안을 흘려보냈다. 고요해지고 나면 그다음을 할 수 있다. 내 마음을 편안하게 하는 것이 먼저다.

헤르만 헤세는 《싯다르타》에서 글쓰기를 삶의 좋은 행위로 보면서도, 사색을 강조한다. 글을 쓰고 사색하면서 불안을 흘려보내면 된다. 자연스러운 감정인 불안을 기꺼이 초대하고 마주하고 흘려보내는 것이다. 감정은 내가 선택할 수 있기 때문이다. 하지만 생각처럼 쉽게 이루어지지 않는다. 그래서 인내심을 가지고 연습해야 한다. 지혜로운 방법을 선택하고 천천히 연습하자. 고전 필사를 하면 된다. 글을 쓰고 사색하고 동시에 지혜로워지면서 인내심이 생긴다.

지금 하고 싶은 일을 하자

'지금 내가 할 수 있는 일은 무엇일까? 무엇부터 하면 좋을까?'

가만히 생각하던 나는 스마트폰을 열어 지도 교수님께 석사과정에 대해 문의했다. 벌써 몇 해 전부터 하고 싶었던 일이다. 아이들이 어리다는 이유로, 토요일에는 약속된 일정이 있다는 이유로 한 해 한 해 미뤄왔던 석사과정을 당장 시작하고 싶었다. 교수님과의 상담을 마치고 해야 할 일들을 하나씩 준비했다. 온라인 원서를 작성해서 접수하고, 면접 일정을 확인했다. 등록금을 준비하고 다시 학생이 되기 위해 학용품도 정비했다.

2023년 3월, 나는 대학원생이 되었다. 독서경영 전문가가 되기 위해 매주 토요일, 학교로 향했다. 책 읽기를 좋아하고 글쓰기를 사랑하는 사람들이 모인 곳에서 삶에 필요한 질문을 던지고 각자의 정답을 찾아가는 길을 응원했다. 함께 성장하는 곳에 동행할 수 있어서 감사한 시간이었다.

불가능하다고 생각하고 미루기만 하면서 불안해하던 나는 모험을 시작하고 도전했다. 또 새로운 학기를 맞이해야 하는 시기가 돌아왔다. 물론 계속 불안했다. 내가 마지막까지 잘해낼 수 있을지, 아이들은 엄마 없는 토요일에 잘 지낼 수 있을지, 몰아치는 일정에 나의 체력은 잘 버텨낼 수 있을지 미리 걱정하면서 말이다. 그래도 괜찮다. 이제는 어떻게 하면 되는지 내가 알고 있기 때문이다.

어니스트 헤밍웨이의《노인과 바다》속 노인은 자신의 배 위에 잠시 앉아 있는 작은 새를 바라보며, 잘 쉬고 나서 운명을 개척하라고 한다. 이유 없이 불안한 마흔의 당신에게 말한다. 우선 잘 쉬자. 그래도 괜찮다. 그리고 몸을 일으킬 만큼의 에너지가 쌓인다면 천천히 몸을 움직여 고전을 펼치자. 그 안에 내가 찾는 정답은 없다. 하지만 내 안의 정답을 찾아갈 수 있는 응원과 격려가 가득하다. 그렇게 하나씩 해나가면 된다. 불안을 다스리고 운명을 개척하는 일, 지금 시작하면 된다. 《노인과 바다》속 노인처럼 쓸데없는 생각을 끊어버리고, 자신의 상황을 마주하면서.

아이의 걱정은 아이의 몫

2023년 봄, 첫째 아이가 중학교 2학년이 되었다. 아이는 '학교'라는 기관에 다니기 시작한 지 8년 차를 맞이하는 학생이었다. 하지만 나와 같이 마흔의 부모 세대(국민학교를 다녔고, 학기마다 중간고사와 기말고사가 있었다)와 다른 교육과정으로 이제야 난생처음 공식적인 '시험'을 앞두게 되었다.

시험 날짜를 받아 들고 아이는 하루하루 긴장하고 있었다. 매일 이어지는 수행평가와 과제 속에서 시험 준비까지 하느라 허덕이는 것이 보였다. 늦게까지 책상에 앉아 있었고, 이른 아침에 일어나 등교 준비를 하는 것을 힘들어했다. 그 모습을 바라보는 나까지 점점 피곤해졌다.

"아침은 먹고 가야지. 지금 일어나야 식사하고 등교할 수 있어."

"10분만 더 누워있을게요. 아니 5분만요."

매일 아침 아이를 깨우기 위한 잔소리가 이어졌다. 밤늦게까지 시험 준비를 어떻게 하고 있는지 알 수도 없고, 늦어지는 기상 시간에 시계만 바라보면서 혼자 조급했다. 힘들어하는 아이에게 짜증을 내서는 안 된다는 굳은 결심만을 속으로 되뇌곤 했다. 한 시간여의 등교 준비 시간이 길게 느껴졌다.

"이제 진짜 일어나야 해. 지금 일어나서 준비해야 제시간에 등교한다!"

"네……."

내 목소리는 점점 커지고 다급해졌다. 아이는 그제야 겨우 일어나 어기적거리며 화장실로 들어갔다. 아이가 스쳐 지나가는 식탁 위에는 30분 전부터 차려져 그대로 식어버린 밥과 국이 놓여있었다. 들릴 듯 말 듯한 내 한숨 소리는 반찬이 되었다. 그 자리에 앉아서 아이의 뒷모습을 바라보며 CCTV 역할을 하고 있다가는 내 결심이 무너져버린다는 것을 알아차렸다.

등교 준비를 하는 아이를 뒤로하고 책상에 놓인 《명심보감》을 펼쳤다. 심하게 화를 내서 정신이 피곤하면 마음이 쉽게 지치고 기운이 약해지면 병이 생긴다고 씌어 있었다. 무엇이든 지나치면 몸과 마음을 상하게 한다. 좋은 것도 나쁜 것도 지나치게 빠지지 말라는 《명심보감》의 문장이 나를 멈추게 했다. 그리고 내 안의 이야기를 가만히 들었다.

'아이는 새로운 경험 앞에서 긴장하고 있구나. 그것을 바라보며 나도 덩달아 긴장하고 걱정하고 있구나. 지나치면 아이에게도 나에게도 도움이 안 된다. 이 상황에서 조금 거리를 둬야겠다. 아이의 걱정을 대신해 주지 말자. 아이의 힘을 믿자.'

잘 해내고 싶어서 걱정하며 나름의 방법을 찾아가고 있는 아이의 애씀이 보이기 시작했다. 당장 엄마의 부름에 대답을 안 하고 뒤척거리며 늑장을 부리는 아이가 미웠던 마음이 천천히 가라앉았다. 그리고 아이의 문제와 내 문제를 구별해야겠다는 생각이 들었다. 부지런히 성장하고 있는 아이는 매일 자신의 문제 앞에서 고군분투하고 있다. 고민하며 이런저런 해결책을 찾아가고 있다. 실수하고 실패하면서 깨닫고 성장하는 값진 경험을 내가 대신해 줄 수 없음을 상기했다. 쓸데없는 말과 급하지 않은 일은 하지 말라는 《명심보감》의 문장을 떠올리면서. 아이의 삶에서 조금씩 멀어지며 마흔의 내 삶에 집중하는 게 맞았다.

내가 할 수 있는 것과 할 수 없는 것 구분하기

'검사 결과가 어떻게 나오려나?'
'안 해도 되는 것까지 신청해서 괜한 걱정을 하고 있나?'

'언제까지 이렇게 걱정만 하고 있어야 하지?'

마흔이 되고 나니 건강검진 항목이 늘었다. 몇 해 전부터 자궁경부암 검사를 정기적으로 하고 있었는데 이제는 위내시경도 해야 한다는 것이다. 약속된 기한 내에 병원을 예약하고 이른 아침부터 검진에 참여했다. 검사 기록판을 들고 여기에서 저기로 이동하면서 하나씩 확인해 나갔다. 수많은 사람 사이로 간호사 선생님의 호명에 따라 이곳저곳을 들고 나갔다. 어느새 마지막 항목인 위내시경이 남았다.

"비 수면으로 진행하시는 것 맞죠? 이 액체 입안에 머금고 계세요."

"네. 괜찮겠죠?"

"많이들 하세요. 금방 끝나니까 걱정하지 마세요."

이미 결정하고 나서 더 걱정이 몰려오는 건 뭘까? 몇 년 전에도 해본 경험이 있어 선뜻 선택했는데 정작 시작하려고 하니 겁이 났다. 하지만 혼자 운전해서 병원에 온 상황이라 수면으로 변경할 수도 없었다. 간호사 선생님이 준 액체를 머금고 시계의 초침을 따라 시선을 옮기는 것이 내가 할 수 있는 전부였다.

오기노 히로유키의 《에픽테토스의 인생수업》에 의하면 병과 죽음을 피하고자 한다면 불행해진다고 한다. 에픽테토스는 고대 그리스, 로마 시대 철학의 주요 학파인 스토아학파를 대표하는 철학자이다. 그는 노예 부모로부터 태어나 젊은 시절 고단한 노예의 삶을 살았고, 노년에는 해방되어 자유인이 된 후 철학 학교를 설립했다. 그리고 많은 사람과 소통하며 배움을 나누고 철학을 탐구하는 일로 여생을 보냈다.

병은 내가 관리를 잘하면 피할 수 있는 문제처럼 보인다. 평소에 건강한 식단으로 식사하고 정기적으로 운동하고 건강검진을 받으면 예방할 수 있으니까. 하지만 아무리 조심한다고 해서 병과 죽음에서 완전하게 벗어날 수 없는 것이 사실이다. 우리는 하루하루 늙어 가고, 죽어 가고 있기 때문이다. 이 상황은 사람이 통제할 수 없는, 능력 밖의 일이다.

'지금 내가 할 수 있는 건 선생님의 지시에 따라 검사를 잘 받는 일이구나. 미리 걱정한다고 결과가 좋게 나오는 것도 아니다. 걱정은 결과를 받아 둔 다음에 해도 늦지 않다. 또 걱정할 만한 병이 나오면 그때 하나씩 해결책을 찾자. 지금은 검사만 잘 받자.'

시계의 초침을 바라보는 그 짧은 시간에 떠올릴 수 있는 고전의 한 문장이 있어서 다행이었다. 그저 내 머릿속과 마음을 가득 채워버린 걱정을 천천히 바라보았다. 상상보다 너무 커져 버린 걱정은 바라볼수록 작아졌다. 그리고 내가 지금 할 수 있는 일만 떠올렸다.

국소마취제를 뱉어내고 비수면 내시경은 순조롭게 진행되었다. 손 빠르게 움직여주는 의사 선생님과 내 어깨를 잡고 함께 호흡해 주던 간호사 선생님의 도움으로 예상했던 것보다 더 빨리 검사를 마칠 수 있었다. 게다가 검사를 마치자마자 이상 소견 없다는 결과도 들었다. 일사천리였다. 시작해 보면 안다. 머릿속 걱정의 크기보다 그 일이 훨씬 수월하다는 것을 말이다.

《논어》에서 공자는 군자의 역할에 대해 '군자는 자신을 수양하여 백성을 편안하게 해주는 사람'이라고 했다. 그리고 이는 요임금도 어려워하던 일이었다는 말도 덧붙였다. 자신을 수양하는 것이 먼저다. 내 마음에 먼저 평온이 자리 잡아야 내 주변의 사람들도 편안하게 해줄 수 있다. 앞으로 닥칠 일에 대해 크기도 가늠하기 어려운 걱정이 몰려온다면 걱정을 멈추고 나에게 질문하자.

'이 걱정이 누구의 문제인가? 내가 걱정한다고 지금 당장 해결되는 문제인가? 지금 내가 할 수 있는 일은 뭘까?'

문제의 주체를 찾고, 걱정이 아니라 지금 할 수 있는 일을 찾아 행동하면 자연스럽게 걱정은 작아진다. 그리고 흘러간다. 걱정한다는 것은 잘하고 싶다는 마음이다. 흘러간 걱정은 다시 또 찾아올 것이다. 수시로 다른 문제를 제시하면서 말이다. 그러니 너무 걱정하지 말고, 걱정을 맞이하자. '올 것이 또 오는구나!' 생각하며 질문을 떠올려 보자. 고전의 한 문장이 순간순간 내게도 힘이 된 것처럼 마흔을 사는 당신의 삶에 응원이 되기를 소원한다.

의심 없이 지금 당장 시작할 수 있는 세 가지 방법

'이 내용을 주제로 잘 쓸 수 있을까?'

'오늘 목표한 분량만큼 채울 수 있을까?'

'시작하기 전이 제일 어렵구나. 익숙해지지 않는다.'

이 글을 쓰는 지금도 이렇게 나를 의심하고 있다. 그렇게 글쓰기 연습을 하면서 매일 같은 시간에 같은 자리에 앉아서 노트북을 펼치면서도 시작이 참 어렵다. 이런 나를 데리고 살아가려니 매일 내가 나와 보이지 않는 갈등을 겪어내느라 진이 빠진다.

마흔의 여자가 하루를 일궈내기 위해 얼마나 큰 에너지를 쓰고 있는지, 아무도 모른다. 일어나는 순간부터 머릿속에서 떠오르는 부정적인 생각과 감정들을 부지런히 헤치고 자기를 데리고 살아가려면 매 순간 전쟁이다. 나도 그렇다. 그래서 이렇게 매일 글을 쓴다.

헤르만 헤세의 《나르치스와 골드문트》는 정반대의 모습으로 보이는 두 인물이 저마다의 방식으로 '진짜 나'를 찾아가는 소설이다. 나르치스는 평생을 수도원에 머무르며, 자신을 절제하고 다지는 수사다. 그리고 골드문트는 '나답게' 살기 위해서 세상으로 나가 방랑하며 다양한 경험을 한다.

나르치스는 긴 여정을 마치고 돌아온 골드문트에게 기도의 방법을 알려준다. '노래를 부를 때 노래에만 열중하듯 기도도 그렇게 해야 한다'라고. 이것저것 의미를 따지지 말고 정한 일을 시작했다면 집중하고 몰입하라는 의미다. 글을 쓰기 전에는 번민이 가득하다. 나를 의심하고 미리 평가하느라 시작이 어렵다. 하지만 그 과정을 이겨내고 노트북을 열면 몰입할 수 있었다. 써야 할 주제에 맞추어 경험과 감정을 떠올리고, 연결된 고전을 펼치고 읽으면서 기록하다 보면 어느새 한 시간이 훌쩍 흘러있었다. 신기하고 뿌듯했다.

'시작하면 해낼 수 있구나. 나를 먼저 믿어주는 것이 필요하다!'

마흔의 여자는 자신을 위해 불필요한 에너지를 줄여야 한다. 안 그래도 신경 써서 챙겨야 할 일은 태산이다. 그러니 내 안의 부정적인 이야기를 우선 지혜롭게 다뤄보자. 다음과 같은 방법으로 이미 해낼 힘을 가진 나를 응원하자.

첫째, 나를 의심하는 내 안의 소리를 알아차리자.

'내가 할 수 있을까?' '끝까지 하지 못하면 어쩌지?' '실패하면 남들이 뭐라고 할까?' 등 끊임없이 머릿속을 오가는 문장들이 귓가에 들린다. 여느 때처럼 순식간에 반복된다. 그러면 먼저 알아차리고 인정해 주자.

'부정적인 생각이 드는구나. 그럴 수 있어. 오늘은 조금 더 일찍 찾아왔구나.'

알아차리고 나서 그럴 수 있다고, 괜찮다고 나에게 말해주자. 그러면 그 부정적인 내면의 소리에서 한 걸음 물러설 수 있다.

둘째, 작은 힘으로 경험하는 작은 성공을 마련하자.

지금 당장 해내야 하는 일과 조금 떨어져 내가 쉽게 성공할 수 있는 일을 먼저 하자. 나는 내 원고의 글을 쓰기 전에 세 줄 감사 일기를 쓴다. 단 세 줄만 쓰면 성공하는 글쓰기다. 지금, 이 순간 감사하는 일을 떠올리며 한 줄 한 줄 정성껏 적는다. 아무리 오래 쓰고 싶어도 단 세 줄뿐이니, 10분이면 성공이다. 그리고 작성한 글을 읽으며 끄덕인다.

'오! 성공. 난 이렇게 해낼 수 있는 사람이지.'

셋째, 그냥 시작하자.

작은 성공으로 내가 나를 응원했다면, 곧장 오늘 하려고 했던 그 일을 그냥 시작하자. 머뭇거리지 말고, 시작하는 것이 중요하다. 틈을 보이면 다시 처음의 부정적인 목소리가 들린다. 틈을 주지 말고 그냥 시작하는 것이다. 기억하자. 잘해내기 위해 하는 것이 아니라 그냥 하는 것이다.

원고 쓰기를 시작하면 안다. 첫 문장이 가장 어렵다는 것을. 첫 문장을 쓰고 나면 그다음은 문장이 문장을 끌어당기기 때문에 쓸 수 있다. 연결되는 문장을 써 내려가면서 집중하고 몰입하다 보면 다음 문장은 자연스럽게 흘러나온다.

나 자신을 믿고 그냥 시작하자. 의심할 여지를 주지 않는 것이 중요하다. 지금 당장 시도해 보자.

나에게 알맞은 일에 몰입하는 방법

헤르만 헤세의 《나르치스와 골드문트》에서 골드문트는 긴 여정 중에 명인을 만난다. 그리고 그 명인의 제자가 되어 조각하는 기술을 배운다. 처음에는 조각칼에 손을 베이고 자신이 만든 작품에 환멸을 느꼈지만, 금세 자기 내면에 예술가 정신이 있음을 느낀다. 하지만 골드문트는 불같이 달려들어 작품 활동에 집중하다가도 며칠 동안 빈둥거리며 산과 들을 쏘다닌다. 그런 불성실한 골드문트를 보고 스승은 그를 꾸중한다.

골드문트는 자신이 어떤 사람인지 안다. 그는 자신이 반복적이고 천편일률적인 작업을 싫어한다는 것을 그리고 자신이 스스로 정한 작업, 힘들지만 자신의 능숙한 재주를 인식할 수 있는 작업을 하는 경우 열성적인 일꾼이 된다는 것도 알고 있었다.

마흔의 당신에게 추천한다. 내가 진짜 좋아하는 일을 찾아보자. 내 안의 능력을 발휘하면서 마음껏 즐거운 작업 말이다. 그 일이 당장은 직업과 연결되지 않을 수 있다. 당신이 선택하는 그 일이 다른 사람에게는 시간 낭비처럼 보일 수도 있다. 하지만 그런 시선에 사로잡혀 매일 불행하게 보내기에는 우리의 삶이 너무 소중하다. 어떤 것도 괜찮다. 내가 시도해 보고 발견하면 그뿐이다.

이 글을 쓰고 있는 나도 그랬다. 그저 글을 써 내려가는 게 좋았다. 내 생각을 내 마음대로 표현할 수 있다는 것이 후련했다. 뭘 그렇게 매일 쓰고 있냐는 핀잔에도 나는 멈추지 않았다. 내가 좋아하는 그 일에 몰입하는 것이 좋았기 때문이다. 당연히 처음에는 어떤 직업과도 연결되지 않았다. 나를 위한 몇 줄의 끄적임이 다였기 때문이다. 하지만 꾸준히 계속하니 달라졌다. 글쓰기는 책 쓰기로 관심이 확대되었고, 사력을 다해 첫 원고를 작성해서 책을 출판했다. 난 그렇게 작가가 되었다. 그리고 내 책을 들고 독자를 만나고 강의하는 멋진 경험도 이어간다.

의심하지 말고 나를 믿어줄 수 있는 그 일을 찾자. 나에게 알맞은 그 일은 나를 몰입하게 만든다. 몰입하면서 그 일을 계속할 힘이 생긴다. 힘들지만 사력을 다해서 해낸 성공 경험으로 또 다른 것에 도전할 수 있다. 내가 진심으로 원하는 그 현실을 끌어당기고 살자. 지금부터 하면 된다. 결과를 알 수 없지만, 세상으로 한 걸음 나아갔으니 되었다고 이야기해주는 헤르만 헤세의 응원을 기억하면서.

아이를 바라보는 엄마의 죄책감

아이는 자란다. 아이와 함께 엄마도 자란다. 처음엔 엄마인 내가 아이를 열심히 키우는 줄 알았다. 그래서 완벽하게 키우고 싶은 마음이 드는 것이 당연하다고 생각했다. 누구보다 잘 안아주고, 누구보다 잘 먹이고, 누구보다 잘 가르치고 싶었다. 하지만 현실은 내 마음과 너무 달랐다. 아이는 내가 먹이려고 할 때 자려고 칭얼거렸다. 내가 재우려고 할 때는 두 눈을 동그랗게 뜨고 놀아달라고 내 배 위에 올라탔다. 그러니 시간은 더 오래 걸리고, 결과는 만족스럽지 않았다.

'난 왜 이렇게 아이를 못 키우지? 뭐가 잘못된 것일까?'

아이는 제 성장의 속도에 맞춰 알아서 자라는데, 엄마는 계속 자기 속도에 아이를 끼워 맞추려고 했다. 먹고 싶어 할 때 먹이고, 자고 싶어 할 때 재우고, 놀고 싶어 할 때는 같이 놀면 되는 것이었다. 그저 아이가 원하는 것을 같은 방향으로 바라보면 된다는 것을 깨닫기까지는 한참이 걸렸다. 그러니 매일 자책하는 것이 일상이었다. 힘들었다. 게다가 아이가 아프기라도 하면 죄책감은 더 커졌다.

'부족한 나 때문에 또 아이가 아프구나. 병원에 다녀온 지 일주일도 안 되었는데…….'

첫째는 네 살부터 어린이집에 다니기 시작했다. 아이는 엄마랑 둘만 함께 집에서 지내다가 공동체 생활을 시작하니 다양한 병균에 노출되었다. 콧물, 기침은 기본이고 열이 나고 손발에 물집이 올라오는 수족구병은 유행할 때마다 걸렸다. 아이를 끌어안고 자책하며 소아청소년과로 달려가는 것은 일상이었다. 엄마인 나 때문에 아픈 것이 아니었다. 아이가 자라는 환경이 바뀌어 적응하느라 애쓰는 과정에서 아픈 것이었다. 하지만 생각처럼 마음이 움직이지 않았다. 어느새 나는 또 내 탓을 하고 있었다.

일본의 셰익스피어라고 불리는 나쓰메 소세키는 자기 고백적인 소설 《마음》에서 사람들의 따뜻한 시선으로 자신이 있어야 할 곳을 찾은 것처럼 큰 행복을 느꼈다고 했다. 소설 속 선생님이 주인공에게 쓴 긴 유언의 편지 중 일부다. 등장인물 중 선생님은 지나치게 예민한 성격으로 묘사된다. 외부 활동은 거의 하지 않고 일정한 시간에 책을 읽고, 아주 간단한 산책으로 하루를 일궈가는 인물이다. 이 내용을 읽은 날,

나는 필사 노트에 이렇게 기록해 두었다.

'2주 전부터 시작된 아들의 여러 가지 질병들……. 장염, 두통, 어지럼증 등! 2회 고사(기말고사)를 앞두고 병 뒤에 숨고 싶은 건지도 모른다. 준비하지 못하고 치르는 시험도 아이에게는 경험이 되겠지. 시험은 그저 교육과정 중의 하나일 뿐이다. 그러니 내가 먼저 마음을 내려놓자. 경험하면서 깨닫는 것도 분명히 있을 것이다. 지금 겪어야 할 것들을 충분히 겪어내도록 기다려주자. 이 시기는 이렇게 지나가는 것이 맞다. 내 역할은 부드러운 손길과 따뜻한 시선으로 지켜봐 주는 것이다. 지나치게 예민했던 선생님의 주변 인물들처럼.'

네 살이었던 아이는 어느새 고등학생이 되었다. 그리고 엄마인 나도 함께 나이 들어갔다. 예민한 기질을 가지고 태어난 아이는 새로운 경험을 할 때마다 더 많이 긴장하고 아파하며 성장하고 있다. 아픈 아이를 바라보며 자기 탓만 하던 초보 엄마는 마흔살이를 시작하며 매일 고전을 읽고 조금씩 마음이 단단해지고 있다. 물론 지금도 열이 오르는 아이를 보면 가슴이 쿵 내려앉는 것은 어쩔 수 없다. '또 힘들어하는구나!' 생각하며 속상하기도 하다. 그건 당연하다. 하지만 무조건 내 탓으로 돌리며 자책하는 것은 멈추었다. 힘들어하는 아이를 위해 필요한 일을 하고 그 후에는 그저 아이를 믿고 지켜봐 주는 것이 내 역할이라는 것을 알았기 때문이다. 모든 것이 다 잘되리라는 것을 알고 스스로 평화를 찾았던《세상의 중심에 너 홀로 서라》의 저자 랄프 왈도 에머슨처럼.

상대를 바라보며 예측하는 괜한 죄책감

'이상하다! 왜 대답이 없지? 내가 뭘 잘못 적었나?'

스마트폰을 자꾸만 들여다본다. 단체 대화방에 기록한 내 글을 벌써 몇 번째 읽어보고 확인하는 중이다. 열 명이 넘게 함께 사용하는 대화방인데 조용하다. 몇 분이 지나자 작성한 글 앞의 숫자가 줄어드는 것만 확인된다.

'왜 읽기만 하고 대답하지 않지? 내가 기분을 상하게 했나?'

줄어드는 숫자를 확인하며 또 다른 상상을 시작한다. 대답이 없는 대화방을 예의주시하며 내 일은 하지 못하고 자꾸만 신경을 쓰고 있다. '읽고 확인했으면 됐지!' 하다가도 시선은 스마트폰에서 벗어나지 못한다.

'하아……. 괜한 이야기를 먼저 꺼냈구나. 또 오지랖이구나!'

결국 생각은 이렇게까지 전개된다. 나누고 싶은 좋은 마음으로 시작한 일은 결국 쓸데없는 오지랖이라는 결론을 내며 한숨과 함께 끝난다. 유한한 내 에너지를 이렇게 과소비하고 있었다. 나를 위해 지금 당장 멈춰야 했다.

랄프 왈도 에머슨은 내가 해야 하는 일들만 생각할 뿐, 남들이 어떻게 생각하는지는 신경 쓰지 말라고 조언했다. 나는 그의 말을 여러 번 반복해서 읽었다. 그리고 노트에 천천히 기록도 했다. 마지막으로 고개를 끄덕이며 나 자신에게 이야기했다.

'내가 우리에게 필요하다고 생각한 일을 먼저 알아차리고 이야기한 거야. 거기까지가 내 몫이야. 그러니까 다른 선생님들의 반응에 신경 쓰지 말자. 내가 할 일을 한 것으로 끝내면 돼.'

있지도 않은 자기 잘못을 찾느라 괜한 에너지를 쓰지 말자. 내가 할 수 있는 일을 정확하게 하고 나면 그다음으로 넘어가면 된다. 비난을 예상하지도 말고, 칭찬을 기대하지도 말자. 인정욕구를 내려놓자. 내 행동에 대한 상대방의 반응은 내가 정할 수 있는 것이 아니다. 내 몫이 아니다. 내 마음속 문을 여닫는 것만 내 몫이다. 괜한 죄책감을 느끼지 말자. 당신의 잘못이 아니다.

마흔의 자녀가 성장하면서 겪어내는 고통은 자녀의 것이다. 잘못을 찾아내려 애쓰지 말고, 자녀와의 일정한 거리를 두고 지켜봐 주는 것에 마음을 다하자. 고전을 읽으며 내 자리를 지킨다. 마흔의 관계는 내가 중심이어야 한다. 군중 속에 있어도 온화해지려면 홀로 단단하게 설 수 있어야 한다. 여기저기 기웃거리며 들리지 않는 비난의 속삭임을 들으려고 애쓰지 말자. 내가 언급하고 내가 한 일이 정당하면 그뿐이다. 내 삶은 그 자체를 위한 것이지 남들에게 보이기 위한 것이 아니기 때문이다.

SNS 속의 그녀를 부러워하다

'정말 잘한다. 어떻게 만드는 거지?'

'이 선생님은 척척 해내시는구나. 나만 어려운가?'

아침에 눈을 뜨자마자 스마트폰의 시간을 확인한다. 그리고 자연스럽게 인스타그램 앱을 연다. 잘 정돈된 글이 담긴 게시물이 눈에 띈다. 어느새 눈은 글을 따라 읽고 손은 게시물을 넘기고 있다. 다 읽기도 전에 부러움이 솟아오른다.

'새로운 것이 또 생겼네. 아~ 따라가기 어렵다…….'

한 사람의 게시물을 제대로 확인하기도 전에 다른 사람의 작품이 보인다. 이번에는 릴스(짧은 동영상)다. 영상물에는 귀여운 아기와 더 귀여운 아기 동물이 보이고, 영상 안에서는 글자가 동동 따라다닌다. 영상에 딱 알맞은 음악은 눈과 함께 귀까지 즐겁게 만든다. 덕분에 내 부러움은 더욱더 커진다.

'귀여운 아기를 키울 때, 왜 난 이런 영상을 만들어볼 생각을 못 했을까? 보기만 해도 행복해지는 이런 작품들이 매일 쏟아지는구나. 그런데 나는 이렇게 멍하니 바라보기만 하고 있네. 한심하다…….'

시간을 확인한다며 펼친 스마트폰을 들여다보며 벌써 시간은 30분이 훌쩍 지났다. 그리고 마음은 물에 젖은 이불처럼 무거워졌다. 조금 더 있으면 그 마음 이불에서 눈물이 뚝뚝 떨어질 기세다. 그걸 알면서도 매일 같은 행동을 반복하고 있다. 왜 멈추지 못하고 있을까?

《삶의 마지막에 마주치는 10가지 질문》은 1,000명의 죽음을 지켜본 호스피스 전문의인 오츠 슈이치의 저서다. 그는 '죽음'에 대해 이야기하는 이유와 사람들의 존엄한 죽음에 대해 언급한다. 우리는 바로 내일 죽을지도 모르니 살아 있는 지금, 이 순간을 소중히 여겨야 한다는 것이 그의 메시지다.

나는 바로 내일 죽을지도 모른다는 문장을 읽으며 가슴이 뜨끔했다. '내가 지금 뭘 하면서 시간을 낭비하고 있는 거지?'라는 생각이 들었기 때문이다. 다른 사람들이 만들어낸 작품에 빠져서 내 시간을 허망하게 보내고 있었다. 작품을 감상하며 그 시간을 행복하게 보내는 것이 아니라 한없이 부러워하면서 나 자신을 깎아내리고 있었다. 시도해 본 적도 없으면서 말이다. 끝없이 질투로 작아진 마음에서 벗어나려면 지금, 이 순간 나는 무엇을 하면 좋을까?

'아이들에게 뭐라 할 일이 아니다. 내가 이렇게 스마트폰 SNS에 빠져들고 있으면서 무슨 말을 할 수 있단 말인가!'

얼굴이 붉어질 정도로 부끄러웠다. 그리고 벌떡 일어나 스마트폰을 식탁에 놓아두고 돌아섰다. 놓아두기 전 무음 처리를 하는 것도 잊지 않았다. 알람 소리가 울리자마자 다시 스마트폰을 집어 들 것임을 알기 때문이다. 나에게 필요하다고 생각하는 일은 내가 직접 설계하고 마련한다. 나에게 필요한 환경을 만드는 것도 나부터 실천한다.

식탁에서 돌아선 나는 곧장 책상에 앉았다. 그리고 고전 노트를 펼치고 필사 준비를 했다. 이날 읽은 고전은 《에크하르트 톨레의 이 순간의 나》였다.

고전을 읽으며 질투 다스리기

에크하르트 톨레는 강력한 영적 수행은 행동 자체에 주의를 기울이는 것으로, 결과는 저절로 따라온다고 했다. 나는 저자의 말을 천천히 읽으며 생각했다. 내가 질투하고 있는 그녀들의 SNS에 빠져드는 것이 아니라 나에게 알맞은 SNS가 있는지, 내가 SNS를 통해 세상과 소통하고 싶은 주제가 무엇인지, 지금 당장 내가 실천할 수 있는 것은 무엇인지 말이다.

고전 필사를 마치고 나의 블로그를 열었다. 그리고 내가 읽었던 고전을 한 권 선택해서 소개하는 글을 작성했다. 작가의 이력, 글의 내용 중 인상적인 부분 그리고 내 삶에서 실천하고 싶은 문장과 다짐의 글도 적었다. 내가 선택한 도서에 푹 빠져서 한참을 집중하면서 작성하고 나니 하나의 게시물이 완성되어 있었다. 뿌듯했다.

내게 알맞은 SNS를 선택하고, 내가 세상과 소통하고 싶은 주제를 선정하여 세상에서 하나뿐인 나의 작품을 만들면 된다. 결과에 연연하지 않고 행동 자체에 집중한다. 결과는 내가 선택할 수 있는 것이 아니기 때문이다. 꾸준히 지속하는 행동 자체가 진짜였다. 내가 좋아하는 그 일에 집중하는 시간이 의미 있다.

> 위대함은 일정한 거리를 두고, 특히 위가 아니라 밑에서 바라볼 때만 감화력을 갖는다.
>
> −《내 삶에 힘이 되는 니체의 말》, 임성훈

임성훈 작가의 《내 삶에 힘이 되는 니체의 말》에는 '지나치게 미화해서 보지 말자'라는 제목의 글이 있다. 아래에서 바라보는 산은 위에서 바라보는 것과 너무 다르다. 정말 높아 보인다. 거기 정상에 다다를 수 있을지 자신이 없다. 하지만 정상에 올라서면 다르다. 아래에서 보던 산이 이제 발아래에 있다. 등반에 성공하고 나면 안다. 생각보다 별것 아니라는 것을. 위대해 보이는 사람도 마찬가지가 아닐까?

내가 매일 부러워하며 동시에 질투하고 있는 그 사람도 나와 같은 사람이다. 그저 자신에게 알맞은 방법을 찾아 즐겁게 표현하는 중이다. 나와 거리를 두고 있으니 더 위대해 보이는 것일 뿐, 지나치게 미화해서 볼 필요는 없다. '이 사람은 이렇게 표현했구나. 나도 한 번 해볼까?'라는 생각이 들면 배워서 시도하면 된다. 질투의 힘을 긍정적으로 사용해 보자. 질투도 성장의 힘이 된다.

성장의 힘을 모아 블로그에 책을 소개할 때, 나는 다음과 같은 방법으로 작성한다.

첫째, 도서를 촬영한다.

도서에 집중할 수 있는 환경을 만들고 책을 촬영한다. 무늬가 없는 단색 천을 펼치면 좋다. 때로는 하얀 티셔츠를 펼치고 그 위에 책을 놓아두고 촬영하기도 한다. 내가 쉽게 접근할 수 있는 것을 선택하자. 그래야 꾸준히 할 수 있다.

도서를 촬영할 때는 표지, 뒤표지, 작가 소개 글 그리고 내가 나누고 싶은 문장이 있는 장면을 찍는다. 읽으면서 표시해 두면 더 좋다. 밑줄 그은 흔적도 나만의 작품이 된다.

둘째, 블로그에 도서 소개 글을 작성한다.

제목에는 도서명과 작가 그리고 언제 읽으면 좋을지를 작성한다. 예를 들어, 새해 선물하기 좋은 책, 우울할 때 읽으면 좋은 책, 사춘기 아들에게 추천하고 싶은 책 등으로 작성하면 좋다. 나누고 싶은 대상이 명확하게 보이기 때문이다.

본문에는 책의 앞표지와 뒤표지를 배치하며 책의 소개를 시작한다. 작가 소개는 책날개의 사진을 활용하면 된다. 하지만 그대로 따라서 쓰기보다는 내 말로 정리해서 표현한다. 본론 부분에는 촬영해 둔 책의 사진을 배치하며 소개하고 싶은 문장을 나눈다. 인상적인 부분은 인용구 탭을 활용하여 좀 더 크게 작성한다. 읽는 사람을 배려하는 것이다.

셋째, 내 삶에 적용할 부분을 작성한다.

본문에서 소개한 세 문장을 바탕으로 내가 실천하고 싶은 내용을 작성한다. 단 한 문장이어도 괜찮다. 책을 읽고, 각자의 삶에 적용하면서 변화하고 성장할 수 있도록 이끌어주는 것이다. 책을 읽기만 하면 도움이 안 된다. 부족한 부분은 채우고, 잘못된 부분은 수정하면서 각자의 삶에 주인으로 살아갈 수 있게 추천한다.

이 글을 작성하는 오늘도 그녀들의 SNS를 열어보았다. 감탄하고 감동하며 고개를 끄덕거렸다. 의미 있는 글에 감동하고, 재미있는 영상에 키득거린다. 내 삶에서 그 즐거움을 완전히 제거할 필요는 없다. 하지만 너무 긴 시간 빠져있지 않도록 경계한다. 허망하게 시간을 보내고 나면 내 마음이 더 지친다는 것을 이미 알고 있기 때문이다. 나를 위한 경계선 설정도 내가 한다. 오늘 성공했다면 어깨를 으쓱하며 꾸준히 유지하자. 오늘 실패했다면 내 안 성공의 씨앗을 믿고 다시 시도하자. 내가 나를 응원하면서.

게임하는 아들의 뒷모습

"또 일어나자마자 게임 하는 거야?"

"차려둔 밥은 먹었어?"

"숙제는 다 하고 노는 거야?"

아이가 대답할 틈도 주지 않고 쏘아붙인다. 게임에 집중하던 아들의 등이 들썩거린다. 일어나서 엄마를 아는 척도 해야 하고, 친구들과 함께 진행하던 게임에 대답도 해야 한다. 우왕좌왕하는 아들의 모습, 외출했다 들어오면 늘 비슷한 거실의 풍경에 익숙해질 만도 할 텐데 항상 나는 분노의 버튼이 켜진다. 오늘도 어김없이······.

"엄마, 자고 일어나서 시리얼 먹었어요. 그리고 숙제는 어제 이미 다 했다고요. 오늘 게임하는 날이라서 지금 막 시작한 건데, 왜 그렇게 소리를 지르세요. 제가 대답할 시간 좀 주세요."

할 말이 없다. 아들이 하는 말이 다 옳다. 방학 기간이라 늦게 일어났지만 먹을 것 챙겨 먹고, 해야 할 것 미리 해두고, 이제 친구들과 노는 시간을 가지는 것인데 등 뒤에서 날아오는 엄마의 목소리가 가장 큰 훼방이다. 괜히 큰소리를 치고 나서 무안해진다. 하지만 식탁에 차려둔 음식들을 보고 있으려니 또 부글부글 끓어오른다. 후, 이제는 숨쉬기로도 모자란다.

'왜 이렇게 안 먹지? 맛이 없나? 그냥 먹기가 싫은가? 좀 먹어야 살도 찌고 키도 클 텐데……. 지금 먹어야 하는데!'

초등학교 고학년 때 다 커버린 나는 중고등학교를 거쳐 지금까지 어디를 가든지 키순으로 번호 1번을 놓치지 않는 아담함을 가지게 되었다. 단체 사진을 찍을 때도 물론 가장 앞자리다. 뒤로 물러섰다가는 사진 기사님께 '거기 뒷줄 작은 분, 앞으로 나오세요'라는 말을 듣기 일쑤다. 그래서 처음부터 앞쪽으로 자리를 잡는 것이 일상이 되었다. 내가 할 수 없는 것에 매달리지 않기로 했기 때문이다.

하지만 아이들은 아직 희망이 있다. 성장판이 닫히지 않았기 때문이다. 지금이 아니면 클 수 없다는 생각에 조급하다. 아이들에게 먹이는 한 끼 한 끼가 너무 소중하다. 문제는 이것이 엄마인 나만의 생각이라는 것이다. 아이는 태연하다.

"이 정도면 잘 먹는 거예요. 너무 배부르면 속이 불편해서 싫어요. 이 정도면 충분해요. 그리고 밤에 잘 자고 있으니까 걱정하지 마세요."

먹는 것을 가지고 잔소리를 할 때마다 아이는 답답하다는 표정을 지으며 내게 말한다. 그런데 나는 아이의 목소리는 들리지 않고 야윈 얼굴과 뾰족한 턱에 시선이 꽂혀 속으로 한숨을 쉬고 있다. 이런 상황이 계속 반복되니 점점 마음이 미궁으로 빠진다. 큰일이다.

이효석 작가의 《장미 병들다》에는 묵은 감정이 그 시간에 폭발한 것은 이때까지 감정을 감추고 있었기 때문이라는 내용이 있다. 이효석은 일제강점기 작가이자 언론인, 수필가 그리고 시인이었다. 숭실전문학교의 교수로 재직하기도 했다. 이 작품에는 진보적인 학생운동 지도자였지만 일제의 억압으로 변절하고 타락한 여성 남죽과 진보적인 세계관을 간직하고 있는 인물 현보가 나온다. 둘은 극단 '문화좌'의 해산으로 서울에서 집으로 돌아가야 하는 상황을 마주한다. 차비를 구하기 위해 현보가 아닌 다른 남자에게 몸을 팔아서 그 대가로 차비를 마련하여 떠나버린 남죽. 현보는 남죽과 드나들던 술집에서 그녀와 잠을 자고 돈을 준 남자를 만난다. 이 두 남자는 남죽으로 인해 성병에 걸린다. 그리고 씁쓸한 마음으로 함께 술을 마시게 된다.

고전 소설 속에서 서로의 감정을 숨겨왔던 남죽과 현보는 한 시점에서 폭발했다. 나는 밑줄 긋고 선택한 문장을 필사했다. 그리고 '감정을 감추고 있었기 때문'이라는 문장에 멈추었다.

'불편한 감정을 감추지 않고 드러내는 것은 건강한 것이구나. 나도 아들도 불편하다고 서로에게 이야기하는 것은 잘하는 것이다. 하지만 이 감정을 알아차리며 어떤 기회를 잡을 수 있을까?'

문장을 반복해서 읽으며 떠오른 생각을 적었다. 알아차린 것을 기록하면서 자꾸만 솟아오르는 질문도 적었다. 그리고 조급해하지 않고 머물렀다. 작가의 문장이 나에게 와서 스며들고 내 일상에 펼칠 방법이 떠오를 때까지 가만히 있었다.

'작고 아담한 나를 있는 그대로 받아들인 것처럼 성장하고 있는 아이를 있는 그대로 바라봐야겠다. 자신의 문제에 대해 이미 답을 알고 있는 아이를 닦달해 봐야 소용없다. 아이 인생의 뱃사공은 아이다. 나는 내 배의 노를 잡아야 한다.'

여기까지 생각이 다다랐을 때, 과거에 읽었던 고전의 문장이 떠올라 얼른 책상 앞에 꽂아두었던 필사 노트를 펼쳤다. 2020년 4월 7일에 읽은 《톨스토이 참회록》의 한 문장이 보였다. 해안은 나의 인생이고, 노는 해안에 이를 수 있도록 내게 주어진 자유라는 내용의 문장이었다.

나는 내 배의 노를 잡고 내 삶을 시작하는 것이 맞았다. 고개를 끄덕이며 노트를 한참 내려다보았다. 과거에 읽었던 고전이 지금 읽고 있는 고전과 연결되어 떠오른 것이 신기했다. 내가 펼친 그 노트에서 내가 상기한 바로 그 문장이 보여서 깜짝 놀랐다. 나를 위로하고 내가 응원받을 수 있는 문장을 이미 하나씩 쌓아두고 있다는 사실이 뿌듯했다. 필사 노트는 그렇게 내 분노와 마주하는 방법을 친절하게 모아두는 마음 곳간이 되었다.

나를 불편하게 하는 질문

– 엄마, 지금 어디예요? 언제 들어오세요?

오랜만에 가진 친구와의 수다 시간. 친구와의 대화를 끊어버린 아이의 전화로 마음속에 불편함이 꼬물거린다. 나를 찾아대는 아이의 성화에 짜증도 스멀스멀 올라온다. 분노 버튼이 '탁!' 켜져서 폭발하기 전에 알아차린다.

'아! 내가 정한 일정에 막무가내로 변화를 요구하는 상황에서 나는 불편함을 느끼는구나. 내 시간을 존중받지 못한다고 느끼는구나!'

마음이 더 불편해져 요동치기 전에 멈추었다. 외출했던 아이에게 전화하던 내 모습이 아이에게 그대로 투영된 것은 아닌지 살폈다. 아이들은 부모의 언행을 자연스럽게 따라 하기 마련이니까. 순간 아이도 나처럼 이렇게 불편했을 거라는 생각이 들었다. 그렇게 또 하나를 알아간다. 일어난 일을 있는 그대로 바라보면서.

철학자 에픽테토스는 불편한 감정을 다스리는 첫걸음은 누구도 비난하지 않는 것이라고 했다. 오늘 또 누군가에게 화내고 말았다면 자책을 멈추고 앞으로 어떻게 하면 좋을지 생각하자.

우선, 내가 분노하는 상황을 미리 알아두면 좋다. 내 욕심으로 인해 아이에게 억지로 밥을 먹이려고 애쓰는 상황, 내 자유 시간을 인정받지 못하는 상황 그리고 몸이 편안하지 못해서 짜증이 나는 상황 등 각자의 분노 시점은 다르다. 내 감정을 내가 먼저 알아주고 통제할 수 있다고 생각하자. 내 감정의 주인이 되어 행동을 선택하면 된다. 나는 읽고 쓰면서 더 쉬워졌다. 일어나고 있는 일에서 조금 떨어져 상황을 바라보는 힘이 생긴다. 오늘보다 내일이 훨씬 좋아질 거다. 그러니 포기하지 말자.

2024년 새해 첫날부터 시작해 2월에 종영한 드라마가 있다. 드라마의 제목은 〈내 남편과 결혼해줘〉다. 드라마가 인기를 얻으면서 SNS상에서 짧은 동영상이 자주 보였고, 나도 내용이 궁금해져 관심을 가지고 보게 되었다. 특히 제목이 인상적이었다.

주인공 강지원은 절친 정수민과 남편의 불륜을 목격한 날, 남편에 의해 살해당한다. 그런데 눈을 떠보니 10년 전으로 돌아와 있었다. 인생을 다시 살게 된 강지원은 자신의 운명을 친구와 남편에게 돌려주기 위해 복수를 다짐한다.

"이번 생은 더 이상 그 누구에게도 빼앗기지 않을 테야."

2회차 인생을 살기 시작한 강지원은 다짐한다. 자기 인생을 절대 누구에게도 빼앗기지 않을 것이라고. 그녀의 1회차 인생은 친구인 수민에게 끌려다니고, 시어머니의 비난을 그저 받아들였으며, 남편의 폭력에 길들었다. 하지만 다신 그렇게 살지 않겠다는 다짐을 실천하는 것은 어려웠다. 자기에 대해 잘 몰랐고, 내면의 힘이 부족했기 때문이다.

빅터 프랭클의 《죽음의 수용소에서》에서 인간은 앞으로 자신이 어떻게 존재할 것인지 판단하며 살아가는 존재이다. 인간은 조건을 극복하고 초월할 수 있는 능력을 갖추고 있다. 즉 자기가 속한 세계와 더불어 자신을 더 좋게 변화시킬 수 있다는 것이다.

드라마 속 지원은 자기와 같은 이유로 인생 2회차를 살아가는 유지혁의 도움을 받으면서 삶을 개척한다. 자신을 비하하는 상대에게 단호하게 거절하고, 자기 뜻을 명확하게 전달한다. 자신감 있게 변화하는 외모와 태도를 보면서 어느새 나는 드라마 속 그녀에게 응원을 보내고 있었다. 그녀가 하나씩 새롭게 도전하는 모습도 반가웠다. 대리만족이 바로 이런 것이구나 싶었다.

'나는 내 삶의 운명을 개척하고 있는가? 나에게 함부로 대하는 사람들을 보면서 단호하게 거절하고 나를 지키고 있는가?'

아니었다. 그날도 그랬다. 비난 섞인 말투, 지적하는 눈빛 그리고 함부로 쏟아내는 비판에 아무런 대응도 하지 못했다. 그런 상황이 닥치면 순간 얼어버려서 아무 말도 못 하고 그 자리에서 목석이 되어버렸다. 억울하지만 입으로 나가야 할 말을 찾지 못해서 답답했고, 상대방이 쏘아대는 냉기에 얼어버렸다. 어느새 소리 없는 눈물이 흐르는 것은 참을 수 없었다. 왜 그렇게 못난 행동만 하고 있었는지…….

내 앞에서 막말을 쏟아내는 상대에게 복수하고 싶다는 생각이 들었다. 상대가 나에게 한 그대로 갚아주고 싶었다. 내 가슴에 생채기를 냈으니 나도 상대에게 똑같이 해도 된다고 생각했다. 하지만 그런 생각을 하고 있을수록 내 마음이 더 불편했다. 그 무거운 마음을 데리고 살기 힘들었다. 똑같이 갚아 주겠다는 결심은 나에게 전혀 도움이 되지 않았다.

소리 없는 학살이 매일 이루어지는 죽음의 수용소에서도 자신의 태도를 결정하는 것은 자유였다. 자기의 길을 선택할 수 있는 자유는 누구도 빼앗아 갈 수 없는 것이다. 나는 지금 수용소에 있지 않다. 긴박한 환경에서도 가능했던 자유로운 선택을 떠올리며 똑같이 갚아 주겠다는 복수의 마음을 내려놓았다. 불편하고 무거운 마음의 자리에 나를 놓아두고 싶지 않았기 때문이다. 그리고 기꺼이 마련한 그 빈자리에 나를 위한 사랑을 담았다. 상대를 미워하느라 시간을 쓰지 않고 나를 사랑하는데 더 많은 에너지를 쓰기로 했다. 그렇게 정하고 나니 훨씬 마음이 가벼워졌다. 나를 위해 지금 당장 뭔가 하고 싶다는 생각이 들었다.

우선 내 몸을 돌보기 위해 내가 좋아하는 음식을 먹었다.

구수한 된장국을 한 숟가락씩 떠서 천천히 먹었다. 입안에서 으깨지는 감자도 느끼고, 말랑한 두부의 촉감도 만끽했다. 입으로 들어간 된장국이 온몸을 돌면서 포근히 안아주는 것 같았다.

천천히 식사를 마친 나는 편안한 운동화를 신고 동네 산책을 시작했다. 의식적으로 더 느긋하게 걸었다. 항상 바쁘게 걷던 동네 길에는 여태 보지 못했던 들꽃이 있었고, 나무 위로는 이름 모를 새도 날아가고 있었다. 잠시 멈춰 새가 우는 소리도 들었다. 나에게 선물하는 여유로운 시간이 참 좋았다.

한 시간여의 산책을 마치고 돌아오니 가벼운 피곤함이 온몸을 감쌌다. 나른해진 몸을 침대에 누이고 이내 짧은 낮잠에 빠져들었다. 며칠 동안 복수심에 밤잠을 자지 못한 탓도 있었다. 잠깐 눈을 붙이고 나니 가시 박힌 듯한 눈꺼풀도 편안해졌다.

인간은 상대방에 의해 결정지어지는 존재가 아니라 상황에 스스로 판단을 내릴 수 있는 존재다. 한결 편안해진 눈으로 다시 펼친 고전에서 내 눈길을 잡는 글이 있었다. 복수심을 내려두고 나를 먼저 돌보자고 마음먹고 행동하고 나니 내가 처한 상황을 바라보고 판단할 수 있는 여유가 생겼다.

'그래, 나를 존중하지 않는 말과 행동에 대응하자. 이상한 행동에 자연스럽게 대응하는 것이 더 이상하다. 정당하지 않은 행동에는 무대응이 아니라 단호함이 필요하다. 나는 내가 지켜야 한다.'

생각이 여기까지 다다르자, 마음이 훨씬 단단해진 것 같았다. 실천하고 경험하면서 더 단단해질 수 있다는 생각도 들었다. 자기 삶에서 선택하고 행동하는 것은 바로 자기의 몫이기 때문이다.

"울지 마세요. 그리고 어서 뭐라도 드세요. 선생님을 소중하고 귀하게 여기고 응원하는 사람들이 더 많다는 것을 기억해 주세요."

아파하고 힘들 때, 나를 위로하던 말 한마디를 떠올린다. 진짜 복수의 방법은 내가 받은 그대로 상대에게 갚아 주는 것이 아니다. 상대가 준 상처로 피 흘리고 있는 나를 내가 귀하게 여기는 것이다. 내 마음이 쉴 수 있도록 머무르고, 내 몸이 숨 쉴 수 있게 하는 것이다. 그리고 내 주변에는 나를 응원하는 사람들이 있다는 것을 기억하고 다시 일어서는 것이다. 내가 있을 곳은 내게 상처 주는 사람들 곁이 아니라 나를 있는 그대로 받아들이고 소중하게 여기는 사람들 곁이라는 것을 선택하는 것이다.

마흔의 여자 주변에서는 많은 일이 한꺼번에 몰아친다. 믿었던 사람들에게 비난받기도 하고, 의지하던 누군가에게 배신당하기도 한다. 10년 넘게 이어오던 일이 힘겨워지고, 새로운 일 앞에서는 주저하다 시간을 다 보낸다. 내 삶의 문제에 책임을 지고 결정하자. 더 미루지 말자. 그리고 진짜 복수의 방법을 실천해 보자.

몸이 아파서 우울한 날

"아이고, 오늘은 날이 흐린가 보다. 커튼 좀 열어봐라."

"엄마, 어떻게 아셨어요? 오늘 오후에 비 온다고 했어요. 지금은 구름이 가득해요."

커튼을 열기도 전에 안다. 구름이 가득한 하늘이 보이리라는 것을. 왜냐하면 이부자리에서 나오기가 너무 힘들기 때문이다. 유난히 뒹굴뒹굴하며 시간을 보내는 날이면 어김없이 날씨가 저기압이다. 금세 비가 쏟아질 것 같다.

내가 우리 아이만 한 나이 때, 엄마도 그랬다. 한쪽 무릎을 세우고 손으로 무릎을 밀어내며 겨우 일어서시는 날, 엄마의 단골 멘트는 '오늘 비가 오려나 보다'였다. 그때는 왜 무릎이 아픈데 날씨 탓을 하시는지 몰랐다. 그 말을 들을 때마다 고개를 갸웃거렸다. 하지만 지금은 안다. 나를 키우던 엄마의 나이, 마흔이 되어서야 비로소 알게 되었다.

세 번의 임신 그리고 세 번의 제왕절개 수술 그리고 한 생명과의 이별을 거치며 마흔의 여자가 되었다. 임신과 출산으로 인해 예기치 않았던 몸의 변화는 예상하지 못했던 고통을 수반했다. 생리통과 더불어 배란통이 생겼고, 조금만 피곤하면 질염이 감기처럼 자주 오고 갔다. 산부인과를 가지 않으면 해결되지 않는 병으로 화장실을 갈 때마다 힘들었다.

'또 불편해지네. 이번 주말에도 다녀와야 할 곳이 많은데. 미리 가봐야겠다.'

이제는 발병하기도 전에 알아차린다. 불편해지기 전에 조치해야겠다는 생각이 들었다. 대신 아파줄 수도 없으니, 내 몸은 내가 챙기는 것이 맞았다. 하지만 처음부터 그랬던 것은 아니다. 아랫배가 뻐근하고, 소변을 볼 때마다 찌릿찌릿 아픈 것을 참고 참다가 산부인과에 갔다. 결과는 어김없었다. '아주 불편했겠어요'라는 의사 선생님의 말씀이 위로되기엔 너무 늦었다. 단 한 번의 소독과 치료제 그리고 처방 약 복용으로 금세 편안해지는 것을 느꼈다. 미루고 미루면서 버틴 시간이 참 어리석었다는 생각이 들 정도였다.

몸이 아프면 마음도 무겁다. 몸이 천근만근인데 마음이 새털처럼 가벼울 수 없다. 몸과 마음이 함께 가라앉는다. 몸은 땅에 딱 붙어 있는데, 마음은 지하를 파고 내려간다. 하염없이 땅을 파고 내려가는 마음을 들여다보고 있으려니 캄캄하다. 그 끝이 보이지 않아서 무섭기까지 하다.

"엄마, 아프세요? 우리 점심 언제 먹어요?"

안방 문을 조심스럽게 열고 질문하는 아이들이 없었으면 일어나지도 못했을 것이다. 여느 때와 다른 엄마의 모습을 보면서 아이들의 행동까지 괜히 조심스럽다. 그런 아이들의 모습을 보고 있으면 또 미안해진다. 얼른 일어나고 싶지만, 지하까지 내려간 마음으로 몸을 일으키기가 쉽지 않다. 내 몸 하나 움직이는데도 이렇게 힘이 든다.

《나로 살아가는 기쁨》을 다시 펼쳤다. '왜 늘 긍정적이어야 한다고 생각할까?' 저자는 늘 긍정적이지 않아도 된다고 이야기한다. 이미 충분히 괜찮은 존재인 나를 받아들이면 지금 느끼는 이 감정은 자연스러운 것이기 때문이다. 늘 그렇듯 내게 왔다가 사라지는 잠시의 기분일 뿐이다.

그런 날이 있다. 흐려서 몸이 무거운 날, 몸살감기가 와서 마음마저 가라앉는 날, 그냥 이유 없이 아무것도 하고 싶지 않은 날. 그런 날은 '이런 마음이 드는 날도 있구나'라고 생각하자. 내가 살아있기에 자연스럽게 느끼는 감정이다. 이 무거운 감정 덕분에 누워서 쉬고 내 마음을 들여다보게 된다. 내 몸과 마음을 돌보는 시간을 마련하게 된다. 이 또한 나에게 더없이 좋은 시간이다. 나쁜 감정은 없다.

우울하지 않은 마흔의 우울증

마흔 이후의 우울증은 우울하지 않은 것이 특징이다. 우울증이 찾아와도 우울하다는 말조차 할 수 없는 것이 가장 큰 이유라고 한다. 감정을 꾹꾹 눌러야 하니 우울해도 말을 못하는 것이다. 직장에서 우울하다고 하면 문제가 있다고 인식하고 직장 생활을 유지하는 데 어려움을 겪을 수도 있으니, 드러내기가 더 어렵다. 또 다른 이유는 '이런저런 일을 다 해내고 이 자리까지 왔으니 우울한 마음 정도는 감당할 수 있다'라고 확신하는 것이다. 그래서 기운이 없고, 처지고 잠이 오지 않는 현상만을 치료받으려고 한다. 허리도 아프고 두통이 심해져서 진찰을 받지만, 별다른 문제가 없다는 말을 듣기도 한다. 이유 없는 통증이 지속되는 것이다. 우울한 감정은 무시하고 외부적인 현상만 바라보고 있기 때문이다.

우울하지 않은 마흔의 우울은 다양한 모양으로 나타난다. 다음의 내용을 보며 나는 지금 어떠한지 생각해 보자.

- 일에 지나치게 빠져든다.
- 멍하니 텔레비전만 본다.
- 조급해하고 기다리지 못한다.
- 쓸데없는 걱정이 자꾸 머릿속에 떠오른다.

- 벗어나고 싶다는 생각이 자주 든다.
- 고집스러워지고 남의 말을 잘 듣지 않는다.
- 자꾸 화를 내고 짜증을 낸다.
- 의심이 많아지고 사소한 일에 집착한다.
- 사소한 말에 과민하게 반응하고 공격적으로 말한다.
- 술에 빠져든다.

내 일상을 돌아보며 생각해 보았다. 해야 할 일만 적어두고 책상에서 벗어나지 못하고 있지는 않은지, 쉰다고 누워서 텔레비전을 바라보며 멍해지지는 않은지, 내 손에서 벗어난 일의 결과를 기다리지 못하고 발을 동동 구르고 있지는 않은지, 자기 일을 하나씩 해내고 있는 아이들을 바라보며 괜한 걱정에 잔소리하고 있지는 않은지, 내가 있는 이 공간이 점점 불편해지고 있지는 않은지…….

전혀 아니라는 대답은 못 하겠다. 조금씩 고개를 끄덕이며 항목을 읽어 내려갔다. 그럴 때도 있고, 아닐 때도 있고. 그런 순간도 있고, 전혀 아닌 것도 있고. 나처럼 이 책을 읽으며 한번 점검해 보면 된다. 불편한 감정이 발현되는 현상을 알아차리는 기회로 삼으면 된다. 모두 다 해당한다고 걱정할 필요도 없고, 해당하는 것이 아무것도 없다고 안심할 이유도 없다. 지금, 이 순간 나에게 집중해 보는 것이다.

아니타 무르자니는 자신을 기운 나게 하는 건 뭐든 시도해 보라고 권한다. 초점은 바로 자신이면 된다. 우울에서 완전히 벗어나는 방법은 없다. 우울한 감정이 찾아오면 받아들이고 쉬어가면 된다. 허리가 아플 때까지 누워있고 싶으면 그렇게 하자. 아무것도 먹고 싶지 않으면 한두 끼 굶어도 된다. 움직이지 않는 엄마 덕분에 아이들이 성화하겠지만 그 또한 고맙게 받아들이자. 나를 엄마로 살게 하는 사랑스러운 존재들이니 말이다.

가슴이 시키는 대로 하고 싶은 일은 다 하고 살자. 나를 기운 나게 하는 건 뭐든 시도하자. 내가 나로 살아가는데 남의 눈치를 볼 이유는 없다. 내가 나로 살아가는데 남의 허락을 받을 필요도 없다. 내가 나로 살아가는 기쁨을 마음껏 느끼자. 마흔의 여자는 그럴 이유가 충분하다.

"실망입니다. 도대체 왜 그렇게 행동하시는 겁니까?"

"무슨 말씀이세요? 제가 뭘 잘못했나요?"

"정말 이해할 수가 없습니다. 선생님에게 도움이 되기를 바라면서 전하는 말이라는 것만 기억하세요."

그는 나의 행동에 문제가 있다면서 여러 가지 사례를 들어서 이야기했다. 이 이야기를 꺼내는 이유, 같은 상황이 다시 일어나고 있다는 것, 내 생각의 방향이 틀려서 실망스러운 결과를 가져온다는 말까지 조목조목 언급했다. 하지만 나는 이미 생각이라는 것을 할 수 없는 상태였다. 그가 언급한 '실망입니다!'라는 문장에 멈춰버렸기 때문이다.

'나한테 실망했다고? 실망했다는 말을 이렇게 쉽게 쓸 수 있나? 무슨 일로 실망했다는 거지?'

눈은 그의 얼굴을 바라보고 있었지만, 그의 이야기를 듣고 이해할 수는 없었다. 언급하는 이야기에 의문이 드는 부분이 있었지만 반박하지도 못했다. 그저 고개를 끄덕이며 '그렇게 생각하실 수도 있겠네요'라는 표현만 하고 있었다. 남은 시

간이 어떻게 흘러갔는지 기억나지 않는다. 안전하게 집에 도
착한 것이 신기할 정도였다.

마르쿠스 아우렐리우스의 《명상록》은 타인의 생각으로 자
기 시간을 낭비하지 말라고 조언한다. 그는 로마제국의 16대
황제다. 로마제국의 평화와 번영을 상징하는 오현제 시대의
마지막 황제였고, 스토아 철학자였다. 황제였지만 외부 세력
의 공격을 막아내기 위해 자주 전쟁터에 나갔고, 죽음도 전
장에서 맞이했다. 《명상록》은 전쟁의 한가운데서 일기처럼
써 내려간 기록이다.

이 문장을 읽으며 고개를 돌려 거실의 시계를 바라보았다.
집으로 돌아온 지 세 시간이나 지났다. 상대방의 '실망했다'
라는 말에 꽂혀 아무것도 못 하고 시간만 보내버린 것이다.

'내가 지금 무슨 짓을 하는 거지! 왜 이렇게 시간만 보내고
있는 거야? 이 문제를 어떻게 해결하면 좋을지 생각하자. 그
리고 지금 해야 할 일을 하자.'

비난 어린 목소리에 사로잡혀 주저앉아 있었던 나를 질책
하지 않았다. 아니 상처받은 나를 있는 그대로 받아들이고
보듬었다. 자리에서 일어나 따뜻한 물을 한 잔 마시고, 이 일
이 일어난 이유를 생각해 보기로 했다. 그리고 내가 할 수 있
는 일을 시작하는 것이 맞았다.

이 일이 일어나야 하는 이유가 있다. 《명상록》에서는 우주에서 일어나는 모든 일은 정당하며, 나를 위해 우주가 계획한 것이라고 한다. 이 사건이 내 앞에 펼쳐진 이유가 나를 위한 것이라고 생각하니, 비난받은 문제에서 조금 벗어날 수 있었다. 그제야 그의 생각과 내 생각이 다른 방향으로 흘러가고 있었음을 인식할 수 있었다. 그리고 내가 생각하는 것의 정당성을 표현할 근거를 하나씩 떠올렸다.

같은 상황을 다르게 바라볼 수 있다. 각자 다른 생각을 하는 사람이기 때문이다. 하지만 함께 일을 진행하려면 각자의 뜻을 확인하고 바른 방향으로 모으는 시간이 필요하다고 생각한다. 지금 이 일이 일어난 것은 방향성을 확인하고 서로의 마음을 들여다보고 소통하기 위한 것이었다. 불편한 상황을 덮어두는 것이 아니라 수면 위로 끌어올려 이야기할 수 있는 장을 마련하기 위한 것이었다. 비난 섞인 화살의 말이 내 가슴에 날아온 것이 고맙다는 생각까지 들었다.

이 사건의 원인이 된 내 행동을 떠올렸다. 그리고 내가 그렇게 행동한 이유도 생각해 보았다. 정당하다고 생각했기에 거리낌 없이 행동했지만, 이런 사건이 벌어진 이유도 고민했다. 내 앞에 이 일이 펼쳐진 것은 내 책임이기 때문이다.

상대의 생각을 바꿔야겠다는 생각은 하지 않는다. 나 외에 다른 사람을 변하게 하려는 시도는 무의미하기 때문이다. 하지만 오해는 풀고 싶었다. 서로 간의 이해를 돕기 위해 소통의 시간을 가져야겠다고 생각했다. 상대방의 성격이나 기질 그리고 취향을 바꾸기는 불가능하다는 것을 반드시 기억하면서 말이다.

내가 가진 생각과 신념을 차근차근 전달하자. 진심 어린 태도에 어떤 사람들은 가까워지고 어떤 사람들은 멀어진다. 그렇게 결이 맞는 사람들이 걸러진다. 마르쿠스는 내가 어떤 사람들과 함께할 것인지 결정하는 것은 내 몫이라고 했다. 선택당하려 하지 말고 내가 선택하자.

"함께 성장하는 것은 각자의 성장에 날개를 달아주는 거라고 생각해요. 다른 생각이 서로의 발목을 잡는다면 함께하기는 힘들다고 생각해요. 옳고 그름의 문제가 아니라 다름의 문제예요. 생각의 결이 다르다면 생채기를 내면서 함께 걷는 것보다 각자 길을 걷는 것이 맞아요. 그러면서 우린 서로 힘껏 응원할 수 있어요."

내 생각을 먼저 정리한다. 생각을 정리하는 시간을 가지면서 내 삶의 문제와 마주하고, 해결책을 찾아가는 과정은 힘들지만 뿌듯하다. 언제든지 일어날 수 있는 다양한 사건을 피하지 않고 단단하게 대처할 힘이 생기기 때문이다. 고전은 내 삶의 문제를 기꺼이 마주할 수 있도록 나를 응원한다.

'그대가 괴로워하는 대신 왜 실행하기를 선택하지 않는 가?' 마르쿠스는 나에게 선택하기를 권했다. 내 삶의 문제 상황에서 벗어나는 데 꼬박 하루가 걸렸다. 하루는 긴 시간이 아니었다. 고전을 읽기 전에는 며칠의 시간을 보내면서 상처받은 마음을 끌어안고 울고만 있었다. 그때와 비교하면 내가 보낸 하루의 이 시간은 의미 있고 값진 시간이었다. 한 걸음 떨어져서 내 감정과 마주했고, 문제를 분석했으며, 생각을 정리할 수 있었기 때문이다. 더 이상 이 사건에 머물러 있을 필요가 없었다. 시간을 보내면서 후회하지 말고, 내가 하고 싶은 일 그리고 해야 하는 일을 지금 당장 시작해야겠다고 생각했다.

고전을 읽으며 비난으로 출렁인 내 불편한 감정을 흘려보내고 새로 도전하는 일에 집중한다. 새 강의를 준비하고, 새로 만날 대상자들을 떠올리며 계획안을 작성한다. 교육연구소를 알리는 방법을 고민하고, 머뭇거리지 않고 당장 실행하며 산다. 내 시간의 주인으로 산다. '무엇을 추구할 것인가? 바로 하기로 마음먹은 것 자체이다. 그 점에서 너는 성공한 것이다'라고 언급한 마르쿠스의 응원을 받으며.

남의 평가에서 벗어나자. 특히 상대방의 비난에 멈춰 내 시간을 의미 없이 흘려보내지 말자. 당장 아픈 마음을 먼저 돌보고, 이 사건이 내 앞에 펼쳐진 이유를 찾아보자. 이 과정에서 배우고 익혀야 하는 것이 있다면 기꺼이 배우자. 내 앞의 사건은 내 책임이다. 그리고 나를 위해 펼쳐진 것임을 기억하자. 마지막으로 나 스스로 고심하여 결정했다면, 주저하지 말고 실천하면 된다. 마음먹은 것 자체가 성공이다. 내 삶을 성공으로 이끌기로 마음먹었다면 이루어지게 되어 있다. 용기를 내자.

나이 들어 가는 부모님을 바라보는 눈물

"엄마, 왜 얼굴에 푸른 멍이 들었어요?"

"그러게, 치과 치료를 받았는데 이렇게 되더라."

"아이고…… 밥은 먹을 수 있어요? 아프실 것 같은데……."

"천천히 먹으면 돼. 어서 먹자."

함께하는 식사 중 마주 앉아서 문득 바라본 엄마의 오른뺨이 푸르게 멍든 것이 보였다. 얼마 전 엄마는 임플란트 시술을 받기 시작했다. 기존의 치아를 최대한 살리기 위한 여러 작업이 필요한 치료였다. 엄마는 치료해야 하는 이가 어금니 쪽이라 최대한 입을 벌리고, 온몸에 힘을 주고 견뎌야 했다. 그래서 오전에 치과를 다녀온 날이면 오후 내내 누워 쉬어야 한다는 말을 들었다.

'나이 들어가시는구나. 체력이 점점 떨어지시는구나.'

엄마의 첫인상은 온유하다. 어린 시절, 어르신들께 '천생 여자다'라는 말도 많이 들으셨다고 한다. 하지만 내게 엄마는 대장부다. 집안 대소사를 척척 해내시고, 마을공동체의 일도 리더가 되어서 진두지휘하셨다. 자신의 재능을 살려 성당에서도 10년 넘게 꼿꼿이 봉사도 하였다. 그렇게 바깥일을 하시고도 집에 돌아와서는 우리 남매를 살뜰히 챙기시던 우리 엄마는 그야말로 원더우먼이었다. 그러니 체력이 떨어져서 쉬어야겠다는 말씀이 어색하기만 했다.

내 나이 마흔이 넘어서고 나니 엄마의 주름살이 하나둘 보인다. 얇아지는 피부 너머로 푸른 핏줄도 새삼스럽다. 그렇게 커다랗던 손이 이제 작아졌다. 나를 응원해 주시는 포근한 손길은 여전하지만.

나는 15세에 배움에 뜻을 두었고, 30세가 되어서는 자립했으며, 40세가 되어서는 미혹되지 않고, 50세가 되어서는 천명을 알게 되었으며, 60세가 되어서는 귀가 순해졌고, 70세가 되어서는 마음이 하고자 하는 대로 따라도 법도를 어기지 않았다.

《논어》 속 공자의 말씀이다. 그리고 뒤이어 이런 해설이 있다.

공자는 나이가 들어감에 따라 변화해 가는 상태를 단계적으로 묘사하면서 자신의 체험을 말했을 뿐, 타인에게 이러한 삶을 강요하지 않았다.

－《살면서 꼭 한 번은 논어》, 임성훈

인용문과 더불어 해설의 '타인에게 이러한 삶을 강요하지 않았다'의 문장에 머무르며 떠오른 것은 엄마였다. 일흔이 넘으신 엄마는 마음이 하고자 하는 대로 따라도 법도를 어기지 않는 분이시다. 그리고 그 모습을 마흔의 나에게 강요하지 않고 몸소 보여주신다. 그렇게 스스로 본보기가 되며 살아가는 엄마의 모습은 있는 그대로 내 삶의 지표가 되곤 한다.

인간관계의 문제로 힘들어할 때, 자녀를 키우는 부모로 애간장을 녹이고 있을 때마다 엄마는 가만히 내 손을 잡으시며 '애쓴다. 잘하고 있어'라고 말씀하신다. 그 손길과 위로 덕분에 나는 미혹되지 않는 삶을 하루하루 이어간다. 유혹에 흔들리지 않고 단단한 마음을 가진 마흔의 삶을 살아낸다.

마흔 여자의 부모는 나이 들어간다. 생명을 내어주며 자녀를 키웠고, 자녀의 자녀를 바라보고 미소 지으며 하루하루를 살아가신다. 문득 바라본 부모님의 얼굴에서 주름살이 선명하고, 흰 머리카락이 발견되어 슬프다면 그 감정 또한 인정해 주자. 부정하며 외면하지 말자.

말랑해진 내 마음을 드러내는 눈물

'울면 지는 거야. 눈물은 무조건 참아야 해!'

어린 시절 내 별명은 울보였다. 정말이지 툭하면 울었다. 꾸중을 들으면 그 무서운 분위기에 짓눌려 울었고, 덩그러니 혼자 남게 되면 공포에 질려 울었다. 숙제하다가 마음대로 안 되면 울었고, 교실에서 친구들의 눈길이 차갑게 스치면 어느새 울고 있었다. 그럴 때마다 속으로 외친 말은 '눈물 참자. 울면 안 돼'였다. 하지만 생각과 달리 눈물은 주르륵 흘렀다. 그리고 멈추지 않았다. 난감했다.

난감한 상황에서 벗어나고 싶어 터득한 방법은 소리 없이 우는 것이었다. 눈물은 흐르지만, 소리는 내지 않았다. 이불을 뒤집어쓰고 울기도 하고, 엎드려서 소매를 적시며 울기도 했다. 그렇게 애써 참아가며 흐르는 눈물을 꾸역꾸역 삼켰다.

애써 참는 것이 습관이 되었나 보다. 청소년기를 거치며 성인이 되면서 슬픈 감정을 외면하는 것이 쉬워졌다. 아니 그런 환경에서 미리 벗어나려고 노력했던 것 같다. 눈물을 흘리는 약한 모습을 보이는 것이 싫었기 때문이다. 내 마음보다 남의 시선이 더 중요했다.

"오늘이 힘들더라도 지치지 말자. 비록 내일도 힘듦이 계속된다면 힘듦에 익숙해지자."

마흔의 어느 날, 마을의 작은 시 낭독회에서 만난 문장이
다. 한세란 작가님과의 대화에서 미리 작성한 질문지가 선택
되어 내가 낭독하게 되었다. 〈얘기하고 싶은 것〉이라는 제목
에 이끌려 시를 읽기 시작했을 때, '지치지 말자'라는 구절에
서 왈칵 눈물이 올라왔다. 참아내기에는 늦었다. 흐르는 눈
물을 그냥 두고 큰 숨을 쉬어가며 낭독을 이어갔다. 하지만
'힘듦에 익숙해지자'에서 무너지고 말았다. 주변 사람들을
의식할 틈도 없었다. 그렇게 한참을 울었다. 창피하다는 생
각은 들지 않았다.

사람의 본래 모습, 심성, 본성을 바꿀 수 없습니다. 있는 그대로의
모습을 인정하고 받아들여야 합니다.

《고전 읽기 독서법》의 저자 임성훈 작가가 《이솝 우화》를
소개하며 언급한 문장이다. 우화의 내용은 다음과 같다.

"어떤 사람이 아이티 오피아인 흑인 노예를 샀다. 주인은
노예의 피부가 검은색인 것은 전 주인이 제대로 돌보지 않았
기 때문이라고 생각하고, 노예를 열심히 씻겼다. 하지만 노
예의 피부색은 바꾸지 못하고 주인만 몸져눕게 되었다."

사람의 본래 모습은 바꿀 수 없다. 있는 그대로 받아들이

면 되는 것이다. 심성, 본성은 억지로 노력한다고 바뀌는 것이 아니다. 시 낭독회에서 흐르는 눈물을 마주하며 편안했다. 있는 그대로의 모습을 표현한 것이기 때문이다. 보여주기 위한 행동이 아니었기에 자연스러웠다. 함께한 사람들과 공감할 수 있어서 더 좋았다. 마흔의 여자가 되어 어린 시절 외면했던 내 모습을 있는 그대로 인정할 수 있어서 기뻤다. 다시 말랑해진 느낌이었다.

　슬프면 울자. 참지 말고, 편안하게 울자. 소리 내어 엉엉 울고 나면 마음도 시원해진다. 운다고 약해지지 않는다. 우는 모습을 보인다고 창피한 것이 아니다. 그저 울음이 필요한 시기를 맞이한 것뿐이다. 내가 내 모습을 있는 그대로 인정하는 과정이다. 누군가의 눈치를 볼 필요도 없다. 마흔 여자의 말랑한 마음을 다독이자. '다 괜찮다고. 그렇게 마음껏 울고 나서 또 한 걸음씩 내 삶의 길을 걸어가면 된다고.' 내가 나에게 말해주자. 그러면 된다.

2장

오늘을 기쁘게
살아가기 위한 고전 읽기

죽음을 떠올리는 아침

'이 집으로 다시 돌아올 수 있겠지?'

둘째와 만나기 위해 집을 나서며 거실을 둘러보았다. 제왕절개 수술을 앞두고 출산 가방을 들고 나서는 길이었다. 첫째와 만났을 때를 떠올리면 병원과 산후조리원을 거쳐 약 3주일이 지나야 다시 돌아올 수 있는 공간이었다. 신발장에 놓여있는 첫째의 작은 신발도 새삼스럽게 보이는 아침이었다.

오전 9시, 수술이 시작되었다. 하반신 마취를 하고 수면제가 내 몸으로 퍼지기 시작했다. 하나, 둘, 셋도 다 세기 전에 나는 잠들었다. 내가 잠드는 동안 둘째는 세상에 태어났고, 나는 한숨 자고 일어나 푹 꺼진 배를 쓰다듬으며 다시 눈을 떴다.

'무사히 끝났구나. 이제 두 아이의 엄마로 살아야 하네!'

아이의 울음소리를 들으며 실감이 났다. 수면제로 인해 잠이 들면서는 수술이 두려웠고, 다시 깨어나니 아이 둘을 키워낼 생각으로 두려웠다. 두려움에 사로잡혀 건강하게 잘 태어난 아이에게 고맙다는 생각은 두 번째로 밀려났다. 수술을 무사히 마치고 다시 생을 시작할 수 있어 감사하다는 생각은 세 번째로 밀려났다. 아니 전혀 생각하지 못했다는 것이 솔직한 마음이다. 그건 너무나 당연한 것으로 여긴 것이다.

몽테뉴는 《몽테뉴의 수상록》에서 매일의 하루를 자신에게 주어진 마지막 날이라 여기며 살 것을 조언한다. 《몽테뉴의 수상록》은 오늘날까지 내려오는 수필 가운데 가장 많이 읽히는 글로 셰익스피어, 니체, 루소 등의 수많은 작가에게 영감을 준 책이다. 잠에서 깨어나 눈을 떴을 때, 오늘이 내 생의 마지막 날이라 여긴다면 오늘의 삶이 얼마나 소중할까? 하지만 잠들고 깨어나는 것이 일상이 된 우리에게는 감사할 일이 아니었다. 새 아침을 맞이하는 것을 곁에서 일어나는 아주 당연한 일로 생각한다.

두 아이가 깨기 전, 어두운 새벽에 촛불을 밝히고 《몽테뉴의 수상록》의 한 줄을 읽었다. 죽음의 순간을 잘 피해 왔다는, 우리의 삶을 연명해 온 것이 행운이라는 그의 목소리가 들렸다. 덕분에 엄마의 빈자리를 느껴 평소보다 일찍 잠에서 깨어난 아이의 존재가 귀찮지 않고 마냥 반갑다. 내가 살아있기에 바라볼 수 있는 소중한 존재이기 때문이다. 지금 당장 책을 덮고, 아침 식사를 챙겨야 하는 상황도 그저 감사하다. 아이들의 엄마로 살아갈 수 있는 지금이 너무 좋다. 《몽테뉴의 수상록》을 읽지 않았다면 자고 깨어난 아침도, 나만 아이들을 챙겨야 하는 사실도 짜증스러웠을 것이다. 나의 오늘이 세상 소중한 것임을 알아차리면 모든 것이 새롭다. 고전 속 단 한 줄의 문장이 나의 오늘을 어제와 다르게 바라보게 한다.

고통스러운 아침의 발견

밤새 끙끙 앓았다. 몸살감기로 열이 오르락내리락했고, 머리는 여전히 지끈거렸다. 계절이 바뀔 때마다 홍역을 앓듯 몸살감기를 앓는다. 마흔이 되고 열심히 영양제를 챙겨 먹는 것이 일상이 되었지만, 면역력을 유지하는 것은 쉽지 않다. 환절기 때마다 감기에 걸리고, 온 가족이 돌아가면서 유행병에 걸리고 나면 마지막 타자는 꼭 나다.

'이번에는 잘 넘어가나 했는데……. 얼마나 아파야 지나갈까?'

무거운 몸을 겨우 일으켜 빈속에 해열진통제부터 먹는다. 약을 먹지 않고 버티기에는 하루의 일과가 너무 길다. 마냥 누워서 보내기에는 해야 할 일이 너무 많은 마흔 여자의 삶이다. 달력에 기록해 놓은 일만 세 가지가 넘는 날이었다.

몽테뉴는 아픔에 대한 인식을 없앤다는 것은 쾌감에 대한 인식도 없애버리는 것이라고 했다. 아픔을 느낀다는 것은 살아있다는 것이다. 고통스러운 것을 느끼지 못한다는 것은 행복한 느낌도 동시에 사라진다는 것이다. '지금의 이 고통이 내가 살아있음을 알아차리게 하는구나!'라는 생각이 들었다. 고통을 느낄 수 있는 사람이 쾌락도 느낄 수 있다. 아픔과 쾌감은 오늘을 살아가고 있는 사람에게만 주어지는 행운이었다.

'아픔을 느끼니 한 박자 쉬어갈 수 있다. 이 아픔 또한 나를 위한 것이구나!'

약을 먹고 다시 누웠다. 약이 온몸에 퍼져 편하게 일어날 수 있을 때까지 쉬었다. 이 감각을 느끼고 알아차리고 내가 나를 돌볼 수 있어서 좋았다. 한숨짓는 고통이 아니라 쉬어가는 정류소를 찾았다고 생각하니 위안이 되었다.

몸도 마음도 조금 편안해졌을 때, 책을 펼쳐 읽었다. 몽테뉴는 나에게 타인을 위한 삶은 충분히 사니, 이제 남은 인생만큼은 자신을 위해 살자고 했다. '자신을 위해 살자'라는 문장이 또렷이 들렸다. 그리고 오늘 내가 해야 한다고 기록한 일들을 읽어보았다.

• 마트 가서 찬거리 구입하기

- 아들의 체육복 신청하기
- 내일까지 학교에 가져갈 딸의 준비물 구입하기

나를 위한 일은 하나도 없었다. 물론 가족을 위해 꼭 필요한 일이었지만 엄마의 역할을 하기 위해 종종거리며 뛰어다닐 나를 생각하니 나에게 미안했다.

'오늘 새로운 하루를 맞이한 나를 위해 무엇을 하면 좋을까?'

내가 좋아하는 것들을 기록한 노트를 펼쳤다. 따뜻한 커피 마시기, 마음이 편안해지는 음악 듣기, 도서관 가기, 친구와 수다 떨기, 읽고 싶은 책 마음껏 읽기, 책상에 앉아서 끄적거리기 등. 생각날 때마다 작성해 두었던 목록을 읽는 것만으로도 행복했다. 어느새 나는 미소 짓고 있었다.

선한 이기심을 발휘하자. 내가 나의 든든한 지원군이 되어 주자. 지금 당장 행복해지는 일을 미루지 말자. 잠깐이면 된다. 종종걸음을 치며 다른 누군가를 위해 달려 나가지 말고, 나 자신을 위해 천천히 걷는 시간을 마련한다. 그 시간이 나를 살린다. 내가 살린 나를 데리고 마음 가득 채워진 사랑을 나누며 오늘을 살 수 있다. 나의 오늘을 더 의미 있게 만든다. 매일 다시 태어나는 아침, 나를 먼저 돌보는 선한 이기주의자로 살자.

내가 나에게 질문하기

"선생님을 팀장으로 선정했습니다. 자, 박수!"

"예? 이게 무슨 일이죠?"

"행정적인 부분은 역할 분담해서 진행하고요, 선생님은 학교와 연락을 좀 맡아주세요."

여러 강사님이 함께 모인 자리였다. 지정된 학교에 수업을 나가기 위한 팀을 나눈 후, 쉬는 시간을 가지고 팀별로 모여 팀장을 선정하는 과정을 앞두고 있었다. 내가 화장실을 다녀온 사이에 팀장 선정이 결정되었다면서 결정 사항을 통보했다. 거부감이 올라왔다. 당사자도 없는데 이렇게 일을 진행하는 것이 불편했다. 귀찮은 일을 나이 어린 막내에게 몰아붙이는 것인가 싶어 짜증도 났다. 고개를 저으며 부당하다고 이야기하려는 찰나 왼편에 자리 잡은 강사님이 말을 건넸다.

"학교 담당자와 연락하고 연결하는 것은 선생님이 잘하는 일이시잖아요. 선생님의 일정에 맞추어 결정하시고 저희에게 알려주시면 됩니다. 부탁드려요."

감정적이지 않게 거절해야겠다는 생각에 전할 말을 떠올리며 고개를 가로젓고 있는데, 문득 아침에 읽은 고전의 문장이 떠올랐다. 헤르만 헤세의 저서 《데미안》 속 문장이다. 데미안은 선택의 앞에서 고뇌하는 싱클레어에게 우리 마음속에는 모든 것을 알고 자신보다 더 잘 해내는 누군가가 있다고 말했다.

아무리 주변에서 무슨 이야기를 해도 결정하는 것은 나 자신이다. 내 삶의 방향은 내가 정하는 것이다. 주체적으로 생각하고 내가 해낼 수 있는 일인지 고민하고 결정하면 된다. 그저 남이 시킨 일을 내가 따르는 것이 아니라 주어진 상황에서 내가 판단하는 것이다. 내가 할 수 있는 일이면 적극적으로 진행하면 되고, 내 능력 밖이라는 생각이 들면 거절하면 된다. 단순하다. 외부의 지시에 생각 없이 움직이는 것이 아니라 내가 선택하고 책임지는 것이다.

"제가 할 수 있고, 우리에게 도움이 되는 일이니, 진행할게요. 우리 팀에서 각자 맡을 역할 중에 하나라고 생각하면 되겠죠. 알겠습니다. 이 팀의 팀장 역할을 열심히 해볼게요."

불편한 감정을 터뜨리며 문제 상황을 더 크게 벌리는 것이 아니라 긍정적으로 바라본다. 전보다 더 큰 문제가 내 앞에 나타난 이유를 생각하면 된다. 내 앞에 일어나는 모든 일은 나의 성장을 위한 일이기 때문이다. 내가 어떻게 바라보느냐에 따라 달라진다. 내 성장을 위한 발판으로 생각하면 훨씬 편해진다. 그 과정에서 분명히 성장할 것이다. 경험은 나를 키우기 때문이다.

내가 바라보는 시선만 바꾸면 된다

원고를 쓸 때는 신기한 일이 벌어진다. 아직도 익숙하지 않은 작업이지만 새로운 일이 내 앞에 펼쳐질 때마다 현상과 다르게 생각하는 버릇이 생겼다. 모든 일이 내 책의 소재가 된다. 이렇게 바라볼 수 있는 눈이 생겨서 감사하다.

나는 책상 앞에 앉으면 가장 먼저 하는 일이 초를 켜는 일이다. 흔들거리는 촛불을 가만히 보고 있으면 마음이 편해진다. 그리고 내가 좋아하는 잔잔한 음악도 틀어 놓는다. 덕분에 나에게 집중할 수 있고, 글쓰기도 훨씬 잘 되는 기분이다. 어제도 그랬다. 한 시간여의 글쓰기 시간을 마치고, 자리에서 일어나 여느 때처럼 촛불을 끄려고 했다. 가만히 호, 불어도 잘 꺼지는데 등 뒤에서 아이가 부르는 소리에 순간 마음이 급했나 보다. 훅! 입바람이 평소보다 세게 나갔다.

'아뿔싸!'

그다음 눈앞에 벌어진 참사에 내 모든 동작이 멈췄다. 초에 가득했던 촛농이 노트북 위로 고스란히 날아든 것이다. 노트북 자판 사이사이와 화면의 오른쪽 아랫부분까지 촛농이 방울방울 맺혔다. 움직이지 못하고 바라보고 있는 사이, 촛농은 그대로 굳고 있었다. '이런 멍청한 짓을! 도대체 나 왜 이러는 거야! 늘 하던 건데 왜!' 마음속에서부터 짜증과 자책이 솟아올랐다. 곁에 다가온 아이도 눈이 동그래졌다.

"엄마, 어떻게 해요? 어이쿠!"

"그러게. 엄마가 멍청한 짓을 하고 말았네. 속상하다."

나는 자책을 멈추고 행동하기 시작했다. 작성하던 글을 저장하고, 노트북의 모든 창을 아래로 내리고 이미 굳어버린 촛농을 긁어냈다. 성급하게 긁어 상처 내지 않으려고 손에 힘을 조절해 가면서 천천히 행동했다. 그래도 자판 사이의 흔적을 지우려니 원하지 않은 자판이 눌렸다. 그리고 화면에 계산기가 나타났다. 그리고 그다음에는 화면을 캡처할 수 있는 화면도 나타났다. '내 노트북에 이런 기능도 있었구나! 세상에 이 상황이 벌어지지 않았으면 끝까지 알 수 없었겠네!'라는 생각이 들었다. 촛농을 긁다 말고 멈추는 엄마를 보며 아이도 한마디 거들었다.

"엄마, 이 화면은 뭐예요?"

"응! 이건 계산기 화면이고, 이건 노트북 화면을 사진 찍는 기능이야. 엄마도 오늘 처음 봤어. 신기하네!"

우리는 살아가며 겪는 일에 좋은 것, 나쁜 것이라고 이름 붙입니다. 판단하는 것이지요. 하지만 무엇이 좋은지, 무엇이 나쁜지 바로 알기는 어렵습니다.

－《고전명언 마음수업》, 임성훈

저자 임성훈은 《고전명언 마음수업》에서 호메로스의 《일리아스》 중 신의 정원에는 두 개의 항아리가 있는데, 한 항아리에는 나쁜 선물이, 다른 항아리에는 좋은 선물이 들어있다는 내용을 해설하며 이렇게 이야기했다.

단 하루의 삶 속에서도 다양한 일을 겪는다. 순간순간 좋은 일인지, 나쁜 일이지 다 판단하기도 어렵다. 좋은 일이라고 판단했던 것이 알고 보면 잘못된 선택이었고, 나쁜 일이라고 생각해서 그 당시에는 속상했지만, 결국엔 좋은 결과를 가져오기도 한다. 그 순간에 모든 것을 판단하는 것은 어리석다. 다만 긍정적으로 바라보려는 노력은 내 삶을 배움의 장으로 만들 수 있다. 작은 사건 속에서도 배울 수 있는 것이 가득하다. 내 시선의 방향만 돌린다면 말이다.

다시 노트북을 펼친 오늘, 깨끗한 천으로 노트북을 다시 닦았다. 하루 전, 다 정리하지 못한 흔적을 지우며 밤새 내려앉은 먼지도 말끔하게 닦아냈다. 소중한 내 노트북을 깔끔하게 사용할 수 있는 좋은 습관 하나가 생긴 듯해서 기분이 좋았다.

모든 일의 정답은 내 안에 있다. 내 앞에 일어나는 다양한 사건들을 어떻게 판단하고 행동할지는 내가 정하면 된다. 어떻게 해야 하는지 스스로에게 물어보자. 물론 처음부터 쉽게 결정하기는 어렵다. 이 선택이 맞는지 자신도 없다. 나도 그랬다. 그래서 고전을 읽고 썼다. 고전에는 자기 삶의 문제를 앞두고 처절하게 고민한 철학자들의 흔적이 가득하다. 그들의 글을 읽으며 '나라면 어떻게 했을까?'라고 생각하는 습관을 지니면 조금씩 쉬워진다. 사유하는 연습이 된다. 그러면 내 안의 정답에 더 가까이 다가설 수 있다. 내 하루를 긍정적으로 바라볼 힘이 생긴다. 평범한 40대의 엄마로 살아가는 나도 고전 읽기를 시도하고 그것을 바탕으로 글쓰기도 한다. 그러니 이 글을 읽는 당신도 할 수 있다. 마흔의 여자라면 고전을 펼치자.

남들이 해낸 것은 나도 할 수 있다고 생각하는 사람만이 자기 삶을 살 수 있다.

—《내 삶에 힘이 되는 니체의 말》, 임성훈

1,000일 감사 일기의 기적

내가 쓴 두 번째 책《엄마도 꿈을 이룰 수 있습니다》의 3장에는 '500일 감사 일기의 기적'이라는 제목의 글이 있다. 나부터 키워보기로 결심하면서 독서 모임 선생님들과 함께 시작한 감사 일기 쓰기였다. 날마다 글을 쓴다는 것이 쉽지 않았기에, 혼자서는 시작할 엄두가 나지 않아 함께 시작한 일기 쓰기가 500일을 넘겼고, 그 경험은 두 번째 책의 소재가되었다. 꾸준히 써 내려갈 수 있어서 감사했다.

그때부터 매일 아침 감사 일기를 꾸준히 쓰고 있다. 지난 2024년 1월 어느 날, 감사 일기 쓰기는 1,000일을 맞이했다. 그리고 이 원고를 쓰고 있는 오늘은 1,300일 하고도 80일째 감사 일기를 썼다. 감사 일기는 어느새 내 삶에 자연스럽게 스며들었다. 일주일에 하루 정도는 잊어버리고 작성하지 못하는 날이 있지만, 그래도 외면하지 않고 꾸준히 쓰고 있는 내가 대견하다. 작은 습관이지만 내 마음을 풍성하게 만들어

주니 하지 않을 이유가 없다.

"이른 아침, 고요한 시간을 가질 수 있어서 감사합니다."

"어디서든 조명을 켜고 책을 읽을 수 있어서 감사합니다. 편리한 생활을 할 수 있도록 마련해 준 남편에게 고맙습니다."

"깊은 숨소리를 내며 편안하게 잠든 아이들을 바라볼 수 있어서 감사합니다."

오늘 아침, 눈을 비비고 써 내려간 세 줄 감사 일기의 내용이다. 내가 일어나는 것만으로도 고요한 시간을 가질 수 있어 좋았고, 거실의 방바닥에 엎드려서도 책을 읽을 수 있는 조명이 있어 남편에게 고마웠다. 이제 엄마가 곁에 없어도 편안하게 자고 일어나는 성큼 자란 아이들 생각에 또 혼자 대견하고 뿌듯했다. 이 또한 감사한 일이었다.

"黃金未是貴 安樂值錢多(황금미시귀 안락치전다)."

황금이 귀한 것이 아니고 편안하고 즐거운 것이 더 가치 있다.

-《명심보감》

내 마음의 평안이 우선이다. 내 마음이 평안하면 어떤 상황이든 즐거운 것을 찾아낼 수 있다. 감사를 발견하고, 감사함을 누리며 오늘을 살 수 있다. 아침에 눈을 떠, 세 줄의 감사 일기를 쓰고 《명심보감》을 읽으며 하루를 시작한 날, 마음이 풍요로웠다. 늘 비슷한 풍경이었던 우리 집 아침 전쟁도 조금은 여유롭게 바라볼 수 있게 되었다.

"엄마, 오늘까지 노트 한 권 챙겨가야 해요."
"엄마, 여기 가정통신문에 사인해 주세요."
두 아이가 모두 10대 청소년이 되어도 아침 전쟁은 이어지고 있다. 학기 초에는 더하다. 한꺼번에 10장 넘게 받아오는 가정통신문에서 학부모 이름을 적고 사인해야 하는 종이가 쏟아진다. 저녁에 가방을 정리하며 꺼내두면 좋으련만……. 그건 내 소망일 뿐이다. 게다가 오늘까지 가져가야 하는 준비물을 아침에 외치고 있으니 말 다 했다. 난감하다. 집 앞작은 문구점이 문을 닫고 나서는 더 방법이 없다.

"자! 하나씩 처리해 보자. 가정통신문은 사인할 것만 엄마책상 위에 두고, 준비물은 당장 살 수 없으니 친구들에게 수소문해 봐. 하나 더 가져올 수 있는 친구에게 빌려보자."
여느 때 같으면 한바탕 소리를 지르고 나서 아이에게 짜증을 내며 발만 동동 굴렀을 거다. 하지만 이날은 한결 수월했다. 《명심보감》의 문장으로 내 마음에 평안을 펼쳐두었기 때문이다. 물론 대책 없이 소리부터 지르는 날도 있다. 하루아침에 변화하기가 어렵다는 것을 안다. 하지만 좋은 습관은

지속해서 내 것으로 만들고 싶다. 그 시간 덕분에 마흔 삶의 출렁거림을 파도타기처럼 여길 수 있다면 더없이 즐겁지 않을까?

아이의 진로 교육, 이 방향이 옳다

"엄마, 선생님께서 여기에 고등학교 이름 적어 오래요."

"당장? 내일까지? 넌 어느 고등학교 가고 싶은데?"

"모르겠어요. 우리 집 근처에는 무슨 고등학교가 있어요?"

"음……."

아이가 들고 온 희고 길쭉한 종이에는 희망 직업과 고등학교명을 적는 칸이 있었다. 1지망과 2지망의 칸이 그렇게 크게 보일 수가 없었다. 뭘 하고 싶은지, 어떤 고등학교가 있는지도 모르는 아이와 함께 이 칸을 어떻게 채워야 하나 싶었다.

종이를 들고 고민하다가 얼마 전, SNS를 통해 알게 된 진로, 진학연구소를 시작하신 작가님이 생각났다. 그분은 고등학교에서 30년 넘게 근무하신 선생님으로《슬기로운 고교생활》을 집필하신 정구복 작가님이다. 나와는 한 도서관의 글쓰기 강의에서 만난 인연으로 연결되어 있었다.

"선생님, 첫째 아이와 함께 크려니 늘 고군분투하네요. 진학 상담이 필요합니다."

"이렇게 직접 찾아와 주셔서 감사해요. 아이의 이야기를 나눌 수 있어 더 좋네요. 지금 중학교 3학년인 거죠?"

한 시간여의 소통 시간을 통해 답답했던 마음이 시원해졌다. 진로는 아이가 지금 앞으로 해야 할 직업을 정해야 하는 것이 아니었다. 학교는 아이에게 다양한 기회를 제공할 수 있는 곳으로 정하는 것이 맞았다. 긴 삶의 여정에서 다양한 직업을 선택하며 살아갈 아이들이 학교 다니는 이 시기에 필요한 것은 역량 강화였다. 학습을 꾸준히 할 수 있는 역량, 상대방과 진심으로 소통할 수 있는 역량, 여러 의견을 통합하여 자신만의 생각을 창조해 낼 수 있는 역량 등을 키워내는 것이 무엇보다 중요한 것이다.

첫째는 자신의 역량을 키워가며 잘 자라고 있다. 예민한 기질을 받아들이고 지금 할 수 있는 일에 집중하고 있다. 하고 싶은 것과 해야 하는 일을 구분하고, 자기 시간을 배분하고 있다. 《논어》를 읽고 쓰면서 자신만의 생각을 펼치는 방법도 배워가는 중이다.

"子曰: 人無遠慮 必有近憂(자왈: 인무원려 필유근우)."

사람이 멀리 내다보며 생각하지 않으면 반드시 가까운 곳에 근심이 있다.   -《논어》

아이의 진로 교육은 당장 내년에 가야 할 학교를 정하는 것에 그치는 것이 아니다. 아이가 삶을 살아내기 위해 필요한 것을 찾고, 그 일들을 차곡차곡 쌓는 것이다. 자신과의 소통을 통해 더 깊게 바라보는 것이다. 이는 어른도 다르지 않다.

눈앞의 상황에 몰입되면 멀리 내다보지 못한다. 하마터면 제대로 알아볼 생각도 못 하고 불안만 키울 뻔했다. 조금 더 멀리 바라볼 수 있게 해준 《논어》의 한 문장이 고마웠다. 내 가까이에 바른 진로 교육을 소명으로 여기는 선생님이 계셔서 감사했다.

감사한 일을 찾으면 지금 당장 풍요로워질 수 있다. 고전을 읽으면 내 곁에 감사한 일을 찾기가 더 쉬워진다. 덕분에 오늘을 사는 내가 행복하다. 내가 가진 것이 있어 풍요롭고, 내 곁의 소중한 사람들과 함께 살고 있어 기쁘다. 덕분에 날마다 마구 흔들리는 마흔의 삶이 한결 평안해진다. 현재에 집중하고 오늘을 감사로 채우며 살 수 있다. 감사 일기 쓰기, 지금 시작해 보면 어떨까?

나는 모든 상황을 있는 그대로 받아들인다

– 도착했어요. 어디쯤이세요?

– 이제 출발한다. 늦어서 어쩌니!

– 아직 집에 계신다고요? 지금 출발이요?

식당 오픈 시간에 맞추어 만나자고 약속했다. 약속 시간 5분 전에 도착한 나는 가게의 개점과 동시에 입장해서 자리를 잡았다. 4명의 식사 자리를 잡고, 예약석에 앉아 전화를 받은 것이었다.

'이제 출발하신다고? 집에서 나와 터미널에 들렀다 오시려면 한 시간은 걸리겠다!'

엄마는 통화 중에 약 30분 후에는 도착한다고 하셨지만, 경로를 떠올리니 한 시간은 충분히 걸리는 상황이었다. 버스 터미널에서 내리는 고모와 만나 함께 이동해야 하는 과정도 있으니 말이다. 약속 시간에 맞춰 부지런히 달려온 나는 허탈했다. 이런 점심 식사를 시작하는 많은 사람이 있는 식당

한가운데 앉아 멍하니 한 시간을 보낼 생각에 화도 났다. 하지만 그런다고 상황이 변하는 것은 아니었다.

"일행이 많이 늦어진다고 하는데, 한 시간 후 식사를 시작해도 괜찮을까요?"

"대기자가 없는 상황이니 괜찮아요."

대기 시간으로 인해 식당에 피해가 가지 않는다는 것을 확인한 나는 주차장으로 내려가 집에서부터 챙겨 온 고전 도서와 노트를 가지고 제자리로 돌아왔다. 예정에 없던 약속으로 오전에 읽지 못해서 가지고 나온 것이었다.

소란한 식당 한가운데서 고전 필사를 시작했다. 임성훈 작가의 《내 삶에 힘이 되는 니체의 말》에 따르면 니체는 '나는 왜 이렇게 영리한가? 나는 결코 자신을 허비하지 않았다'라고 기록했다고 한다. 작가는 니체의 말을 빌려 최소한 자신의 시간을 낭비하지 말라고 조언한다. 영리하고 나답게 살려면 시간을 내 의도대로 쓰는 것이 먼저라고.

지금, 이 순간의 내 상황과 꼭 맞아떨어지는 문장을 읽으며 쾌감을 느꼈다. 이미 상황은 벌어졌다. 나는 식당에 도착했고, 한 시간은 기다려야 일행과 만날 수 있다는 것은 정해졌다. 이 순간, 내가 선택할 수 있는 것은 모든 상황을 받아들이고 내가 할 수 있는 일을 실행하는 것이었다. 그래서 남에게 피해가 가지 않는지 확인했고, 내게 주어진 한 시간을 낭비하지 않고 고전을 읽으며 의미 있게 보냈다. 눈앞의 일을 그대로 받아들이고 나면, 할 수 있는 일이 떠오른다. 내 시간을 의도대로 쓸 수 있다. 덕분에 출렁이던 감정도 편안해진다.

나는 마흔을 살아내는 엄마다

'책 한 줄 읽을 시간이 없네. 혼자 있고 싶다……'

새해가 되고 하고 싶은 일은 머릿속에 가득했지만 내 상황은 세 끼를 챙겨야 하는 두 아이의 엄마였다. 봄방학도 없이 이어지는 겨울방학은 3월이 되기까지 길기만 했다. 두 아이는 자는 시간도 활동 시간도 제각각이었다. 한 아이가 자고 있으면 한 아이는 깨서 배고프다 했고, 한 아이가 잠들면 나머지 아이가 안아달라며 무릎 위에 올라앉았다. 아…….

그렇게 한 달의 시간이 흐르자 점점 참기 힘들었다. 제법 자라서 이제 혼자서도 척척 할 줄 알았던 두 청소년은 그래도 순간순간 엄마가 필요했기 때문이다. 마흔의 엄마는 몸은 좀 편안해져도 마음은 아직도 무겁다. 내 앞의 소중한 생명에 대한 책임으로.

칼 필레머는《내가 알고 있는 걸 당신도 알게 된다면》에서 독자에게 질문한다. '어른이 된 자녀와 잘 지내려면 아이가 어린 지금, 이 시간을 어떻게 보내야 할까?'라고. 엄마를 찾아대는 아이의 목소리를 들으며 불편함이 올라오고 있을 때, 책꽂이에서 꺼내 든 책에서 이런 문장과 마주했다. 두 아이의 엄마인 나는 지금, 이 시간을 어떻게 보내야 좋을까?

칼 필레머는 아이를 키우는 지금을 이렇게 보내면 좋다고 했다. 행복한 노년 생활을 보장받고 싶다면, 자녀를 양육하는 바로 지금, 설령 희생하더라도, 더 많은 시간을 함께 보내야 한다. 또 자녀와의 관계도 투자해야 유지된다.

아이가 내 곁에 있는 이 순간은 엄마로서 아이와 함께 시간을 보내는 것이 맞다. 지금은 내가 엄마로 사는 시간이다. 내 존재가 작아진다고 조급해할 필요도 없고, 책 읽을 시간도, 글 쓰는 시간도 없이 보내는 이 시간이 아깝다는 생각은 어리석었다. 내가 품을 수 있는 두 아이가 내 곁에 있다는 것만 받아들이면 된다. 허용하면 지금에 머무를 수 있다.

– 엄마, 나 조퇴해야 할 것 같아요…….

스마트폰 너머로 들리는 아이의 목소리는 이미 가라앉아 있다. 아니 지하로 파고들고 있다. 3월, 새 학년이 시작되고 이제 첫 번째 금요일이었다. '새로운 환경에서 적응하느라 힘들구나!'라는 생각이 스치자마자 천천히 숨부터 쉬었다. 아이에게 엄마의 품이 필요한 때가 다시 찾아온 것이다. 아이의 엄마인 나만이 할 수 있는 역할이었다.

– 그래, 뱃속이 불편하다면서? 선생님이랑 통화했어. 조심해서 나와. 집 앞 병원에서 만나자. 엄마도 지금 나갈게.

집에 있는 날, 아이의 전화를 받을 수 있어서 감사했다. 내가 즉시 움직여 아이를 돌볼 수 있어서 감사했다. 돌아서면 아프고, 유행병과 스치면 당연하다는 듯 열이 오르는 아이다. 불평한다고 상황이 변하지 않는다. 화를 낸다고 아픈 아이가 낫는 것은 더욱 아니다. 내 앞의 존재는 내 책임이다. 그러니 모든 상황을 있는 그대로 받아들이면 된다. 그러면 해결책이 떠오른다.

하루에도 몇 번씩 투덜대고 싶은 일이 쏟아진다. 약속 시간에 늦게 나타나는 사람이 있고, 아이는 이유 없이 자꾸만 나를 부른다. 눈을 돌리면 해야 할 집안일이 보이고, 주변에는 나를 응원하는 사람보다 비판하고 지적하는 사람들이 더 많다. 모든 상황에 반응하고 참견하기엔 마흔 여자의 에너지는 한정적이다. 눈앞의 불편한 상황이 아니라 나에게 집중하자. 현재를 살기 위해 내가 할 수 있는 일을 찾자. 내 시간을 내 선택으로 채우면 된다. 그러면 지금 당장 행복해질 수 있다.

40대의 열정은 다르다

원고를 쓰기 전, 사전에서 '열정'의 뜻을 찾아보았다. '어떤 일에 열렬한 애정을 가지고 열중하는 마음'이라고 쓰여 있었다. 열정이라는 단어를 떠올리면 주먹을 불끈 쥔 그림이나 활활 타오르는 불꽃의 이미지가 그려진다. 목표를 향해 부지런히 달려가는 사람의 바쁜 모습도 보인다.

모두에게 열정은 비슷한 이미지라고 생각했다. 아니 나의 30대는 내가 머릿속으로 그린 열정의 이미지와 닮아있었다. 두 아이가 어린이집에 다니기 시작한 무렵부터 배움의 열정이 솟아올랐다. 아이의 등원과 동시에 도서관으로 달려갔고, 난 도서관의 각종 강의를 들으며 강사의 길에 들어서기 위해 준비했다. 재미있었다. 배우는 것이 좋았고, 배운 것을 아이들에게 적용하면서 즐거웠다. 아이들을 키우며 나도 함께 성장할 수 있어서 기뻤다.

내가 배운 것을 나눌 기회라면 어디든 달려갔다. 재능 기부 수업에 가장 먼저 손을 들어 참여했고, 최선을 다해 수업을 진행했다. 내가 세상에 의미 있는 활동을 더 한다는 생각에 뿌듯했다. 살아있는 느낌으로 온몸에 전율이 일었다. 아이들의 맑은 눈과 방긋 웃는 미소만으로도 충분했다. 덕분에 한 걸음씩 더 성장했다.

"뭘 그렇게 열심히 하세요? 돈이 되는 것도 아닌데."

"선생님이 그렇게 열심히 하는 거 누가 알아주나요?"

"꼭 이렇게까지 해야 하는 거예요?"

누군가의 볼멘소리를 들을 때도 있었다. 그저 내가 신이 나서 움직였는데, 누군가에겐 불평의 대상이 되곤 했다. 그런 목소리를 들으면 주춤했다. 생각하기도 전에 내게서 잘못된 점을 찾느라 두리번거렸다. 당연히 열정을 다해 달리던 마음도 순식간에 잦아들었다. 상대의 눈치를 보고 있는 내가 싫었다. 하지만 용기를 내어 내 생각을 상대에게 전하지도 못했다.

아니타 무르자니의 《나로 살아가는 기쁨》에서는 누군가에게 실망을 줄까 봐 두려워하는 것은 진정한 자신을 잃어버리는 길이라고 한다. 다른 사람의 기대에 부응하려고 하기 때문이라는 문장에 눈길이 머물렀다. 그리고 내 행동을 돌아보았다. 내가 열정을 다해 움직인 것은 오롯이 내 뜻이었다. 내가 의미 있다고 생각한 활동에 에너지를 쏟아낸 것이었다. 그것으로 만족하면 되는 것을. '난 다른 사람의 인정까지 바라고 있었구나!' 싶었다. 그러니 상대의 단 한 마디에 주춤한 것이다. 한 번의 눈총에 멈춰버린 것이다. 그렇게 작아진 나를 마주하니 안쓰럽고 미안했다.

40대의 열정은 다르다. 내 옆의 사람과 같은 방향이 아니어도 된다. 내가 떠올린 열정적인 그녀와 같은 속도가 아니어도 된다. 열정의 대상을 정하는 것은 내 몫이다. 열정의 방향과 속도도 내가 정한다. 그래야 끝까지 나아갈 수 있고, 상대방의 한마디에 주춤거리지 않는다. 내 열정의 목적은 상대방의 인정이 아니라, 그 과정을 통해 진정한 자신을 만나는 것이기 때문이다.

한 번에 하나씩 나에게 알맞게

한꺼번에 다 잘 해내는 것이 열정이라고 생각했다. 그래서 누구보다 빨리 일어나 하루를 시작했다. 처음에는 '고요하게 책을 읽고 싶다'는 소망으로 시작한 새벽 기상이었다. 하나를 해내고 나니 또 다른 것을 하고 싶었다. 작은 성공 덕분에 자신감이 생겼고, 덕분에 다른 것에 도전할 힘이 생겼다. 하고 싶은 것을 하나씩 늘려가며 기분이 좋았다. 순식간에 시간이 흐르는 것이 신기할 따름이었다.

'내가 뭘 하는 거지?'

아침 일기를 쓰고 스마트폰으로 촬영하다가 멈췄다. 옆에 쌓여 있는 노트들이 버겁게 느껴졌다. 한꺼번에 다 하려고 꺼내 둔 노트에 짓눌리는 기분이었다. 분명히 어제도 펼친 그 노트였는데 오늘따라 이상했다. 잠시 멍하니 앉아 있었다.

랄프 왈도 에머슨의 《세상의 중심에 너 홀로 서라》에 의하면 온전히 자신의 마음에 집중하면 자기만의 세상을 다시 창조할 수 있다고 한다. 머물러 있으면 들린다. 내 마음의 소리에 집중하면 알 수 있다. 지금의 이 방향과 속도가 나에게 알맞은 것인지. 내가 내게 물어보고 답을 찾을 수 있다.

세상의 중심에 혼자 서는 것은 두렵다. 성공한 사람들의 미라클 모닝과 To Do List 목록을 따라 하면 편하다. 하지만 내게 맞지 않는 것을 계속하다 보면 오히려 부작용이 생긴다. 의미 없는 행동은 시간 낭비다. 그러니 내가 하려는 그 일이 나에게 어떤 의미가 있는지 먼저 물어야 한다. 그 질문이 선행되어야 나만의 열정을 다할 수 있다. 나에게 알맞게.

쌓여 있는 노트가 무겁게 느껴진 그날, 난 책상 위에 쌓여 있는 수많은 책부터 정리했다. 그리고 첫 마음으로 돌아가 딱 한 권의 고전 도서만 책상 위에 올려놓고 잠자리에 들었다. 다음 날 새벽 눈을 떴을 때, 그 책이 선명하게 눈에 들어와 반가웠다. 책상에 앉자마자 홀린 듯 고전 도서 속으로 빠져들었다. 책장을 넘기는 소리까지 청명하게 들렸다.

임성훈 작가의 《내 삶에 힘이 되는 니체의 말》에서 철학자 니체는 '스승이라는 권위를 때려 부숴라'라고 말한다. 무엇을 해야 할지 잘 모를 때에는 스승의 조언에 따라 하나씩 시도해 보면 된다. 하지만 스승의 모든 말이 나에게 도움이 되는지는 내가 판단하고 선택해야 한다. 그저 아무 생각 없이 스승을 따라 하는 것이 능사가 아니다. 나에게 맞는지는 스승이 판단해 주지 않는다. 내가 나에게 물어봐야 알기 때문이다.

마흔 여자의 새벽은 단순하다. 하루는 한 권의 책을 읽는 시간으로 채운다. 또 어떤 날은 필사에 집중하는 시간이 된다. 그리고 오롯이 내 생각을 쓰는 시간으로 만들기도 한다. 한 번에 하나씩 한다. 단순하고 명쾌하게. 스승의 뜻에 무조건 따르지 않는다. 다른 사람과 비교하지도 않는다. 열정의 속도와 방향은 각자 다르기 때문이다. 나에게 알맞게 한다.

"아이를 키우면서 어떻게 책을 쓰셨어요?"
"책을 쓸 시간이 어떻게 생겨요?"

"저도 할 수 있을까요?"

열정을 다해 글을 쓴다. 글 쓰는 것이 나에게 알맞다는 것을 알았기 때문이다. 지난 석 달간의 새벽은 오롯이 책 쓰는 시간으로 채웠다. 누군가의 인정을 받기 위한 행동이 아니었다. 내가 선택하고 내가 정한 책 쓰기였다. 그래서 오롯이 집중할 수 있었다.

마흔의 열정을 다할 대상을 찾자. 멋지게 해낸 사람을 따라 하면서 찾을 수 있다. 나처럼 이것저것 시도해 보다가 찾을 수도 있다. 지금 찾은 것이 정답이 아니어도 된다. 내게 알맞은 것은 언제나 변화할 수 있기 때문이다. 그래도 괜찮다. 이 과정 역시 나에게 알맞게 이루어진다. 열정의 방향과 속도는 내가 정한다.

그래도 행복하기

"저는 즐겁고 싶은 ○○○입니다."

"저는 배려를 받고 싶은 ○○○입니다."

"저는 풍족하고 싶은 ○○○입니다."

학부모 연수를 시작할 때, 욕구 카드를 활용해서 자기소개 시간을 가졌다. 연수에 참여한 부모들은 자신이 선택한 카드의 문장을 이용해서 간단하게 자기를 소개했다. 잠시지만 책상 위에 놓인 카드를 선택하며 묻는다. '내가 지금 원하는 것이 무엇이지?'라고 말이다. 자신에게 질문하고 나면 그 카드를 선택한 이유는 떠올리기가 쉽다.

"하루의 일상이 해야만 하는 일들만 가득해서 좀 즐거워지고 싶어요."

"허리가 아픈데 가족들이 배려해 주지 않아서 속상해요."

"경제적으로 조금 더 풍족하면 좋겠어요."

원하는 것을 말하는 부모들의 표정이 다양하다. 힘든 상황을 표현하며 무거웠던 표정이 자신의 욕구를 있는 그대로 표현하면서 한결 가벼워진다. 이야기를 들어주는 사람들의 눈빛과 공감의 끄덕임 덕분에 편안해진다. 서로가 서로에게 힘이 되어주는 시간이 된다. 그 공간에서 내가 함께할 수 있어서 감사했다.

"힘든 일도 많고, 몸도 아픈데 이렇게 연수받으러 와주셔서 감사합니다. 오늘 이 시간, 제가 하는 이야기가 학부모님들의 삶에 조금이라도 도움이 되면 좋겠어요."

이날의 학부모 연수는 '그림책으로 시작하는 우리 아이 독서교육'이라는 주제로 진행되었다. 책에서 멀어진 아이들 곁에서 어떻게 해야 할지 모르겠다는 부모들에게 나의 첫 번째 저서인 《내 아이 잠재력을 깨우는 하루 한 권 그림책 놀이》를 바탕으로 해결책을 제시했다. 그림책을 읽고, 간단한 책놀이를 하면서 아이와 행복한 시간을 만들 방법을 사진과 함께 설명하며 실질적인 도움을 주고자 했다.

하지만 그보다 더 진심을 담아 전하고 싶었던 것은 니체가 《아침놀》에서 언급한 내용이다. 한창 일할 때는 인생과 존재에 대해 판단할 여유가 없다는 것. 바쁘게 움직이는 순간에는 삶을 객관적으로 돌아볼 틈조차 없다는 이 말이 깊이 와닿았다.

마흔의 여자에게 필요한 것은 고요한 시간이다. 혼자 고요하게 보내는 시간이 있어야 자신에게 질문하고 대답할 수 있다. 자기가 무엇을 좋아하는지, 자기의 삶을 어떻게 살아내고 싶은지, 자기가 진짜 원하는 것이 무엇인지 묻고 대답하는 시간이 필요하다. 그 시간을 통해 긍정적인 에너지를 채울 수 있기 때문이다. 엄마가 먼저 에너지를 채워야 아이에게 행복한 시간을 선물할 수 있다. 그러니 엄마의 고요한 시간을 마련하자. 엄마가 먼저 평안해지자.

'늦게 자고 일어나서 아이들 챙기기에 바쁜데 무슨 고요한 시간이야!'

책을 읽으며 이런 생각이 들 수도 있다. 당연하다. 나도 그랬다. 두 아이를 낳고 엄마로 살면서 순간순간 시계를 확인하는 것이 일상이었다. 첫째 일정에 따라 움직이다가 부리나케 둘째를 하원시키고, 두 아이를 데리고 놀이터에서 놀다가 집에 와서 저녁을 먹이고 나면 녹초가 되었다. 잠시의 여유 시간에는 멍하니 텔레비전을 보거나 유튜브 영상만 넘기곤 했다. 그렇게 시간만 보내고 나면 허무했다. 하루하루 아이들은 크는데 나는 도리어 작아지는 것 같았다.

같은 일상, 반복되는 일정 속에서도 행복해지고 싶었다. 그래서 나는 나만의 고요한 시간에 고전을 읽었다. 그리고 더 느리게 필사하며 나에게 질문하고 나만의 답을 찾아갔다.

바쁜 가운데서도 한가함을 얻고, 부족한 곳에서 만족할 줄 알면, 자유로움이 나에게 있고 일함과 쉼을 자유자재로 할 수 있다.

－《살면서 꼭 한 번은 채근담》, 임성훈

지금의 일상을 하루아침에 바꿀 수는 없다. 하지만 바쁜 가운데서도 고요함을 찾을 수 있고, 결핍을 느끼는 상황에서 진짜 원하는 것을 떠올려 꿈으로 연결할 수 있다. 오늘 내게 주어진 24시간은 내 마음대로 쓸 수 있다는 것을 기억하자. 시간을 주체적으로 사용하며 엄마가 먼저 행복해지자. 마흔의 여자는 그래도 지금 당장 행복해야 한다.

내가 발견하고 선택하는 행복

"우리 딸은 언제 행복해?"

"친구랑 아파트 놀이터에서 놀 때요."

"그리고 또?"

"음…… 엄마를 꼭 안아줄 때요."

작고 작기만 하던 아이가 어느새 자라서 엄마를 안아준다. 책상에서 노트북을 펼치고 뭔가 열심히 적어 내려가는 엄마 곁에 와서 "엄마, 안아주세요" 하며 도리어 자기 품을 열어 엄마를 안는다. 포근하다. 그 작은 품에서 포근함이 가득하다. 이게 행복이구나 싶다. 일상의 작은 행복을 찾아서 기쁘다.

니콜로 마키아벨리는 《군주론》에서 기회는 신이 제공했을 뿐이고, 원하는 형상을 빚어낸 것은 자기 능력이라고 했다. 이 책은 이탈리아의 통일을 위해 갖가지 해결책을 제시한 마키아벨리의 포트폴리오로, 변화하는 사회에 알맞은 리더의 역할을 배울 수 있다.

마흔 여자의 일상은 늘 반복된다. 어제와 오늘이 별로 다르지 않다. 아침에는 남편의 출근과 아이들의 등교, 낮에는 잠시의 독서 시간 그리고 하교하는 아이들의 목소리를 듣고 돌아서면 저녁이다. 아무 일도 일어나지 않는 일상이 지루할 때도 있다. 하지만 내게 주어진 일상을 바라보고 판단하는 것은 내 능력이다. 나의 일상을 늘 반복되는 지루한 것으로 생각할 것인지, 일상 안에서 행복한 순간을 찾아낼 것인지 선택하는 것은 바로 나다.

내 삶의 리더로 살기로 마음먹었다면, 내 행복은 내가 발견하고 선택하자. 건강한 내 아이와 포옹할 수 있어서 행복하다. 노트북을 열어 글을 쓸 수 있어서 행복하다. 마음이 편안해지는 음악을 들으며 커피 한 잔을 마실 수 있어서 행복하다. 내가 좋아하는 작은 소품 하나에 미소 지을 수 있어서 행복하다. 지금 천천히 숨 쉬며 잠시 머무를 수 있어서 행복하다. 지금 내가 행복한 이유를 찾아보자. 선택하고 주목할수록 더 많아진다.

지금 편안하다면 행복한 것이다. 운명의 여신이 남겨 놓은 그 절반의 시간은 내가 행복으로 채울 수 있음을 기억하자. 어떤 상황이라도 행복하기, 일상에서 자기가 발견하고 선택하면서 행복하기. 이 글을 읽는 당신의 하루가 행복하길 두 손 모아 소원한다. 존재하는 그 자리에서 마흔의 삶을 살아내는 당신을 응원한다. 소중한 당신의 삶이 있는 그대로 행복하기……

거절하기 연습

"현주야, 네가 그 기억에 붙잡혀 있어. 이제 놓아주고 한 걸음 더 나아가렴. 그러면 돼."

흐르는 눈물을 주체할 수 없었다. 뺨을 타고 흐르는 눈물을 닦아내지도 못하고 고개를 숙였다. '같은 생각을 반복하고 있었구나. 그 기억에 사로잡혀 나가지 못하고 있었구나.'라고 생각하며 큰 숨을 쉬었다.

'나한테 어떻게 그럴 수가 있지?'

'내가 그렇게 만만해 보이나?'

'내가 얼마나 열심히 했는데, 그것도 모르면서!'

이런 생각을 해 본 적이 있을 것이다. 자기 삶에 주어진 다양한 상황에서 열심히 대처하는 마흔의 여자라면 더 그렇다. 인간관계에서 오는 갈등은 피할 수 없다. 가만히 있어도 연결되는 관계들이 수두룩하다. 결혼으로 인해 생긴 관계, 아이로 인해 연결된 관계, 직장 동료와의 관계 그리고 자의적으로 가입한 모임 안에서의 관계까지…….

믿고 의지하던 사람들과의 관계에서 갈등이 생겼다면 더 상처가 된다. 사건은 한 번 일어났는데, 내 머릿속에서는 수 없이 반복된다. 상대의 목소리가 들리고, 그 말을 하던 상대의 표정이 상기된다. 3D로 보이는 장면 덕분에 자다가 꿈도 꾼다. 당연히 제대로 잠들 수 없다. 내가 나를 괴롭히고 있다.

니체는 자기만의 길을 개척하면서 산다는 것은 매우 힘든 일이라고 했다. 남들과 다른 생각을 가지고 살아간다는 것은 힘든 일이다. 다수가 옳다고 하는 일에 의문을 품고, 다른 방법을 생각하고 말하는 것은 비판의 대상이 되기 쉽다. '그냥 다수가 하자는 대로 하면 되는데 왜 나서서 말썽이야!'라는 말을 수시로 듣는다. 갈등은 당연하다.

하지만 니체가 말하는 초인은 힘들지만, 자신만의 가치를 창조하며 나아가는 사람이다. 자신의 길을 걷는 것이 삶을 능동적으로 살아가는 방법이라고 한다. 진짜 자유로운 사람의 삶의 태도이다. 그렇다면 지속해서 나에게 불편한 감정을 전달하는 사람들과는 어떻게 지내야 할까?

'대답은 잘하는데 실천하지 않는구나!'

'늘 부정적으로 대답을 하네.'

지속적으로 나에게 불편한 감정을 전달하는 사람들은 과

감하게 거절한다. 사람마다 세상을 바라보는 관점이 다르다. 설득한다고 상대를 변화시킬 수 없다. 내가 선택할 수 있는 것을 결정하고 실천하면 된다. 나의 에너지를 소진하는 관계라면 과감하게 거절하자. 그래도 괜찮다. 그 시간에 자신을 돌보며 가치관을 펼치는 창조적인 일을 하자. 아이처럼 신나게. 시간을 내 마음대로 선택하고 활용하는 것, 그것이 내 삶의 주인으로 사는 첫걸음이다.

하고 싶은 거 다 해!

"2024년을 시작하며 나에게 해주고 싶은 말이 있나요?"

2024년 1월의 어느 날, 워크숍에서 듣게 된 질문이다. 새해를 시작하며 올해 꼭 하고 싶은 것이 있는지 생각하며 각자 자신의 워크지에 천천히 작성해 나갔다. 나도 계획한 것들을 떠올리며 정성껏 작성했다.

이미 이루어진 장면을 상상하며 작성한 문장을 읽었더니 벌써 행복했다. 하고 싶은 것들이 자꾸만 생겨서 감사했다. 그 과정이 마냥 달콤하지만은 않을 것을 알지만 시도할 수 있는 환경이 펼쳐질 것을 믿기에 또 끄덕였다.

"저는 지금까지와 다른 주제의 새로운 수업을 개강하고 싶어요."

"저는 지금의 강의를 새로운 대상과 하고 싶어요."

"저는 세 번째 책을 쓰고 싶어요."

강사님들은 자신의 계획을 말하면서 표정이 상기되었다. 나도 내가 원하는 것을 말하고 들으면서 가슴이 두근거렸다. 게다가 그 공간에 함께한 강사님들이 두 손을 모아 응원하며 나에게 힘을 모아주니 어깨까지 으쓱했다.

니체에 의하면 스스로 창조하는 자는 추구해야 할 목표를 제시한다. 목표는 주어지는 게 아니라 스스로 걸어가는 과정에서 만들어내는 것이라고. 늘 세상이 요구하는 목표에 따라 살았다. 12년의 학교생활을 열심히 하며 학생으로 살았고, 수능 점수에 맞춰서 선생님이 제시한 대학교에 갔다. 결혼하고 아이를 낳고 어른으로 살았지만 진짜 내 삶이 어디 있는지 답답하기만 했다. 니체가 말하는 창조하는 자의 삶을 살지 않고 세상의 목표에 끌려다니느라 답답함만 쌓였다.

마흔살이를 시작하고 있다면 자신의 목표는 자신이 제시해야 한다. 누군가가 제시하는 목표에 끌려가지 말고, 나만의 목표를 세워보자. 내가 진짜 하고 싶은 것을 자유롭게 선택하자. 나는 누군가의 지시에 따라 살아가는 사람이 아니다. 내가 하고 싶은 것에 시간을 쓰고 노력을 더 하는 자유인이다. 기억하자.

"하고 싶은 거 다 하면서 살아. 알았지?"

둘째가 잠에서 깨어 내 품을 찾아왔을 때, 아이를 꼭 안고 이야기해 준다. 아이는 잠에서 덜 깬 상태에서도 고개를 세차게 끄덕이며 내 품에 더 파고들곤 한다. 앞으로 아이가 만들고 아이가 누빌 세상을 상상하며 나도 기분이 좋아진다. 아이에게 말하며 엄마인 나도 함께 초인이 되자. 하고 싶은 거 다 시도하면서 내 삶의 주인으로 살자. 끌려다니는 삶을 살기엔 내 삶에 너무 미안하다. 내게 주어진 삶의 시간을 창조적으로 살아내자.

니체는 기억만 중요한 것이 아니라 망각도 중요하다고 했다. 어떤 문제가 해결되지 않을 때는 기억이 지배적이다. 상대가 나에게 못했던 것들만 계속 생각난다. 그래서 제자리걸음만 치게 되는 것이다. 삶은 끊임없이 변화하고, 새로운 시작을 해야 한다. 누구도 대신해 주지 않는다. 내가 선택하고 행동하자, 자유롭게.

서로에게 긍정적인 에너지를 펼치고, 스스로 삶을 향해 나아가는 것을 응원해 주지 못하는 관계라면 과감하게 거절하자. 용기 내어 실천해 보자. 거절하기도 연습이 필요하다. 나도 계속 연습하고 실천하는 중이다. 함께해 나가자. 자유로운 내가 되기 위한 실천도 꾸준히 한다. 불필요한 관계를 거절했다면 그 시간에 내가 진짜 하고 싶은 일에 몰입하자. 나

의 한정적인 에너지를 한 곳에 집중적으로 쓰면서 창조적인
삶을 살자. 그것이 진짜 삶이다.

마흔, 당신의 자유로운 삶을 응원한다!

나는 내가 정말 좋다

나는 빨간색을 좋아한다. 나는 음악을 들으며 커피를 마시는 시간을 좋아한다. 나는 거실의 내 책상에서 읽고 쓰는 것을 좋아한다. 나는 김치부침개를 좋아한다. 나는 흔들리는 초를 바라보는 고요한 시간을 좋아한다. 내가 좋아하는 것을 떠올리면 이내 미소 짓게 된다. 그저 떠올리는 것만으로도 좋다. 그래서 매일 내가 좋아하는 장소에서 내가 좋아하는 일을 한다. 해야만 하는 일을 하기 전에, 또는 해야만 하는 일 사이사이 나를 위한 시간을 갖는다. 그 누구보다 내가 나를 사랑하기 때문이다.

상대방에게 친절한 것이 나에게 친절한 것보다 더 중요하다고 생각한 적이 있었다. 희생이 당연했다. '나 하나만 힘들면 넘어갈 수 있는데……'라는 생각이 지배적이었다. 아무도 알아주지 않아도 스스로 뿌듯해하며 으쓱했다. 하지만 그 과정에서 진짜 나는 점점 작아지고 있었다. 내 안의 진짜 나는 주눅 들고 쪼그라든 채 열심히 구조 신호를 보내고 있었다.

2020년 3월 16일, 내 생애 첫 고전 필사는《톨스토이 인생론》이었다. '사색은 순서를 결정하여 하나씩 고찰하는 것'이라는 내용의 문장이다. 그리고 그 아래에는 내가 나에게 한 질문이 적혀있다.

'내가 이 일을 하기 위한 목적은 무엇인가?'

'나는 왜 고전 독서와 필사를 계속하는가?'

'나는 왜 책을 읽고, 글을 쓰는가?'

떠오르는 대로 적어둔 질문에 대한 나만의 답을 찾으며 5년 동안 50여 권의 고전을 읽고 필사했다. 그러면서 내 안의 나를 사랑하는 방법을 하나씩 알아차렸다. 고요한 시간에 사색하며 나와 대화할 수 있었다. 사색의 주제는 고전에서 끊임없이 발견했다. 마주하기 싫었던 내 모습을 바라볼 수 있었다. 그저 외면하기만 했던 내 감정을 들여다보기도 했다. 그러면서 작아진 나를 보듬었다. 그리고 다독였다.

하루 한 문장이면 되었다. 그 한 문장을 붙잡고 하루를 살았다. 아니 겨우 오전, 반나절을 평안하게 보내고 오후만 되어도 출렁거리는 날이 대부분이었다. 그래서 끊임없이 반복되고 해결책이 보이지 않는 마흔 여자의 녹록지 않은 일상을 살아내기 위해 더 고전을 붙잡았다. 그래야 제대로 내 삶을 살 수 있을 것 같았기 때문이다. 그것이 내가 나를 사랑하는 방법이었다.

"어떻게 하면 나를 더 사랑할 수 있을까?"
"어떻게 하면 나를 더 많이 지지할 수 있을까?"
"내가 정말 나를 사랑한다면 지금 무엇을 하고 있을까?"
아니타 무르자니의 《나로 살아가는 기쁨》은 내 책상에서 손을 뻗으면 닿는 책꽂이에 자리 잡고 있다. 그녀는 우리가 먼저 자신을 사랑해야 한다고 말한다. 그러면 주변 사람들도 우리를 사랑하는 법을 자연스럽게 알게 될 거라고 조언한다.

이 책은 눈길이 머물 때마다 뽑아 들고 펼쳐 읽는 책이다. 특히 내가 작아지고 있다는 생각이 들 때 펼치곤 한다. 세상의 무자비한 공격에 노출된 나를 그대로 방치하고 싶지 않기 때문이다. 누군가의 위로를 기다리는 것이 아니라 내가 내 편이 되어주고 싶기 때문이다. 나는 나에게 조건 없이 사랑하는 내 편이고 싶다.

내 앞의 현실은 내 책임이다

"아무것도 하고 싶지 않아요. 그냥 우울해요."
"지금 할 수 있는 것이 없어요. 감옥에 있는 것 같아요."

"이렇게 힘든 일인지 정말 몰랐어요."

영유아를 키우는 부모들이 모인 교육 현장에서 종종 이런 이야기를 듣는다. 어떤 상황인지 너무나 잘 알기에 축 처진 어깨만 보고 있어도 울컥 눈물이 솟는다. 애써 눈물을 삼키고 가만히 그녀의 어깨에 손을 올린다. 큰 숨을 쉬며 함께 눈물을 참고 있는 그녀에게 말한다.

"정말 애쓰고 있어요. 울어도 괜찮아요. 다 괜찮아요."

내가 경험한 상황을 똑같이 통과하고 있는 엄마들을 보면 아무것도 하지 않고 있는 내가 미안해지곤 했다. 이 과정을 겪으면 어떻게 성장하는지 알려주고 싶었다. 내게는 그 과정을 조금 더 수월하게 넘기는 방법도 생겼기 때문이다.

> 다산은 유배당한 사람을 불쌍히 여겨 돕는 것이 수령의 직무라고 말했다. 자신이 유배의 설움을 깊이 겪었기 때문이다.
>
> ─《살면서 꼭 한 번은 목민심서》, 임성훈

경험해 본 사람은 안다. 그 과정이 얼마나 아프고 힘든지, 겪어내서 알고 있다. 나도 그랬다. 그래서 기저귀 가방을 메고 아기띠를 두르고 큰 아이의 손을 잡고 걸어가는, 육아 중인 엄마를 보면 나도 모르게 눈길이 갔다. 그리고 그 뒷모습이 사라질 때까지 기도하곤 했다. '오늘, 세상의 모든 엄마에게 작은 행복을 허락하소서'라고 말이다.

더 이상 그녀들에게 들리지 않는 기도만 하고 있어서는 안 된다고 생각했다. 그래서 이렇게 내 경험과 사랑을 담아서 책을 쓴다. 누구보다 자신을 먼저 사랑해야 한다고 이야기하고, 자신을 위한 시간을 마련하라고 이야기한다. 고전을 읽으며 자신과의 대화를 이어가고, 세상이 이끄는 삶이 아니라 자기가 선택한 삶을 사는 것이 정답이라고. 내 앞의 존재는 바로 나 자신이고, 그에 대한 책임 또한 내 몫이다. 그것이 내가 나를 사랑하는 길이다.

《명심보감》의 '정치를 잘하라'라는 제목 아래 이런 내용의 문장이 있다. '위정자라면 백성들이 각자 자기 뜻을 다 이루게 해주어라.' 사랑을 담은 정치는 사람을 향한다. 각 개인이 자기 뜻을 펼치고 이룰 수 있도록 돕는다. 그런 리더는 자신을 먼저 바르게 세우고 다른 사람을 사랑으로 일으켜 세워준다.

나는 내가 자주 불안해하고 약하며 흔들리는 사람이라는 것을 안다. 그래도 나를 제대로 사랑하는 법을 찾고 실천하며 마흔 여자의 삶을 살고 있다. 오늘까지의 경험이 나를 키웠다. 그리고 그 성장의 경험에 사랑을 담아 나눈다. 이 글을 읽는 마흔의 여자들이 나처럼 너무 울지도 말고, 나처럼 너무 우울해하지도 말고, 고전을 읽고 쓰면서 조금은 수월하게 이 시기를 거쳐 가기를 바라기 때문이다.

　나는 사랑 그 자체이다. 내가 먼저 나를 사랑하고 내 글에 큰 사랑을 담아 나눈다. 응원과 위로를 가득 담아 세상을 향해 토닥인다. 모두가 각자의 자리에서 자기 자신으로 빛나기를 소원하기 때문이다. 그 위대한 목적은 하루아침에 달성하기 힘들다는 것을 안다. 그래도 나는 포기하지 않을 것이다. 그 여정에서 가장 행복한 사람이 나 자신이기 때문이다.

　"당신은 항상 행복할 겁니다. 당신 옆에는 당신을 응원해 주고, 사랑해 주는 사람들이 있습니다."

Epilogue

시작하면
할 수 있다!

　'자! 오늘의 운동, 시작해 볼까?'

　생각과 동시에 몸을 일으켜 가방을 챙기고 운동화를 신는
다. 조금만 머뭇거렸다가는 집 안의 다른 일이 눈에 들어오
고, 한눈을 파는 순간 현관문을 나서기가 어렵다는 것을 다
년간의 경험으로 알고 있다. 가장 필요하다고 생각하면서도
가장 어려운 것이 매일 운동하는 습관을 가지는 것이다. 지
금의 내게는 그렇다.

　'하루에 6천 보 이상은 걸어야겠다'라고 생각하고 실천하
게 된 이유는 2025년이 시작된 이후, 한 연구소에서 진행한
강사 연수를 통해서였다. 강사님이 나눠준 활동지에 제시된
수십 개의 가치 단어 중 우선 내가 중요하다고 생각한 것을
표시했다. 사랑, 성장, 자기 치유, 신앙, 자연, 감사, 경외심,

건강 등의 단어를 선택했다. 회를 거듭할수록 가치 있는 단어의 수는 점점 줄어들었다. 두세 번의 선택을 거치고 난 뒤 지금 나에게 중요하고 필요한 것은 '건강'이었다. 살이 오르고 생기가 없어지는 얼굴을 보면서 스스로 자각하고 있으면서도 외면했던 것이다. 곧장 나에게 알맞은 계획을 세웠다.

원고를 써야 한다는 핑계로 놓아버린 걷기 운동이었다. 작년부터 생긴 자동차 덕분에 움직임이 적어진 것도 한몫했다. '걷기 운동부터 시작하면 되겠다'라는 생각을 하고 실천 사항과 다짐 글을 적었다.

'당장 시작하기, 그냥 시작하기, 시스템을 만들고 나를 응원하기.'

작성한 글을 가만히 바라보았다. 나에게 알맞게 시작하면 된다는 것을 알면서도 미뤄둔 나에게 미안한 생각이 들었다.

강사 연수를 다녀온 바로 다음 날부터 매일 6천 보를 걷고 있다. 하루의 일정을 시작하면서 우선 운동부터 했다. 아직 내 생활의 일부로 스며들지 않았기에 우물쭈물하면 주저앉게 된다. 그래서 시간이 날 때, 생각이 들 때 바로 운동화를 신었다. 그리고 아무 생각 없이 걸었다. 발걸음이 빨라지면서 상쾌한 공기를 만끽할 수 있었다. 머리와 몸 곳곳에 새로운 산소가 공급되는 기분이었다. 나는 오늘도 나를 위한 좋은 습관을 하나 더 만들기 위해 노력 중이다.

'고전 필사를 하면서 마음을 돌본다고? 그게 누구나 할 수 있는 것일까?'

이 책을 읽는 독자들은 이런 생각을 하고 있으리라 상상한다. 저자의 경험과 다양한 사례를 통해 호기심이 생기기는 했지만, 실행하는 것은 또 다르기 때문이다. 그렇다. 나에게는 알맞은 방법이었지만 독자들 모두에게 꼭 적용될지는 알 수 없다. 그것은 직접 시도해 봐야만 알 수 있다. 추천서나 요약집을 읽는 것이 아니라 고전의 전문을 펼치고 밑줄을 그으며 읽어봐야만 그 진가를 알 수 있는 것처럼. 다른 작가의 사유를 읽으며 고개를 끄덕이는 것이 아니라 나만의 단상을 적어가며 기록을 차곡차곡 쌓아가는 것이 더 의미 있는 것처럼.

'내 마음의 건강을 위해 좋은 습관을 하나 만들어 봐야겠다'라는 생각이 들었다면 그냥 시작하자. 당장 시작해 보자. 안 할 변명을 찾을 시간에 연필을 잡고 고전을 펼쳐 읽는 게 더 쉽다. 좋은 것을 즉시 실행한 자신을 칭찬하면서.

몽테뉴는 꿀벌들이 꽃밭에서 이리저리 날아다니다가 결국 온전히 자신만의 꿀을 만들어낸다고 했다. 고전을 읽고 쓰면서 온전히 자신만의 사유와 단상으로 하루하루 평안을 만들어가시길 두 손 모아 소원한다. 시작하면 할 수 있다.

마흔, 우울해서 고전을 샀어

마흔, 우울해서 고전을 샀어

발행일 | 2025년 4월 16일 초판 1쇄
지은이 | 조현주
펴낸이 | 장영훈
펴낸곳 | (주)이츠북스
편집 | 고은경, 김영경
마케팅 | 남선희, 김희경
디자인 | 디자인글앤그림

출판등록 | 2015년 4월 2일 제2021-000111호
주소 | 서울특별시 강서구 화곡로 416, 1715~1720호
대표전화 | 02-6951-4603
팩스 | 02-3143-2743
이메일 | 4un0-pub@naver.com

홈페이지 | www.4un0-pub.co.kr
SNS 주소 | 페이스북 www.facebook.com/saungonggam
　　　　　　인스타그램 www.instagram.com/saungonggam_pub
　　　　　　블로그 blog.naver.com/4un0-pub

ISBN | 979-11-94531-09-8 (03190)

사유와공감은 (주)이츠북스의 출판 브랜드입니다.

사유와공감은 독자 여러분의 책에 관한 아이디어와 원고 투고를 기쁜 마음으로 기다리고 있습니다. 책 출간 아이디어가 있으신 분은 이메일 **4un0-pub@naver.com** 또는 사유와 공감 홈페이지 '작품 투고'란으로 간단한 개요와 취지, 연락처 등을 보내 주세요. 여러분을 언제나 응원합니다. ☻